国家社会科学基金一般项目（14BJY078）资助
湖南科技大学学术著作出版基金资助

中国产业集群升级与新型城镇化协同推进

曾祥炎◎著

THE COORDINATED PROMOTION OF INDUSTRIAL CLUSTER UPGRADING AND NEW URBANIZATION IN CHINA

经济管理出版社
ECONOMY & MANAGEMENT PUBLISHING HOUSE

图书在版编目（CIP）数据

中国产业集群升级与新型城镇化协同推进/曾祥炎著 . —北京：经济管理出版社，2020. 11

ISBN 978-7-5096-7640-0

Ⅰ. ①中…　Ⅱ. ①曾…　Ⅲ. ①产业集群—产业结构升级—研究—中国 ②城市化—研究—中国　Ⅳ. ①F269. 23 ②F299. 21

中国版本图书馆 CIP 数据核字（2020）第 235457 号

组稿编辑：郭丽娟

责任编辑：任爱清

责任印制：黄章平

责任校对：陈　颖

出版发行：经济管理出版社

　　　　　（北京市海淀区北蜂窝 8 号中雅大厦 A 座 11 层　100038）

网　　　址：www. E-mp. com. cn

电　　　话：（010）51915602

印　　　刷：北京玺诚印务有限公司

经　　　销：新华书店

开　　　本：720mm×1000mm/16

印　　　张：13. 25

字　　　数：217 千字

版　　　次：2020 年 12 月第 1 版　　2020 年 12 月第 1 次印刷

书　　　号：ISBN 978-7-5096-7640-0

定　　　价：68. 00 元

前　言

　　培育产业集群与推进新型城镇化是当前中国各级地方政府重点实施的两大发展战略。一方面，产业集群的经济增长与创新积聚作用，使地方政府不仅将产业集群视为地方经济发展的重要支撑，而且也是地方参与全球分工、提升国际竞争的关键。另一方面，新型城镇化是党的十八大以来深化改革的重头戏，是现代化的必由之路，是解决"三农"问题的重要途径，是推动区域协调发展的有力支撑，是扩大内需和促进产业升级的重要抓手。只是，在竞争性打造产业集群与城镇化快速推进的过程中，各地产业低端聚集与城镇空间无序扩张的现象十分严重，导致低端的产业集群不足以支撑新型城镇化，同时粗放的城镇化也不能够承载高端的产业集群。因此，如何在理论上论证并在政策上指导产业集群与城镇化协同推进、互动提质，突破产业集群与城镇化双重"低端锁定"的困局，促进中国经济社会全面协调可持续发展，是一个亟须解决的命题。

　　本书立足全球化背景，从理论和实证两方面对产业集群升级与新型城镇化协同推进的机理机制及其相关政策进行了研究。主要研究内容包括以下几个方面：一是厘定了全球分工背景下中国产业集群升级与新型城镇化协同推进的关键问题；二是评估了中国产业集群升级与新型城镇化协同推进的现实状况；三是识别了中国产业集群升级与新型城镇化协同推进的影响因素；四是对中国产业集群升级与新型城镇化协同推进进行了案例分析；五是构建了中国产业集群升级与新型城镇化协同推进的战略框架；六是提出了中国产业集群升级与新型城镇化协同推进的政策建议。

　　通过以上研究，我们认为，未来中国产业集群升级与新型城镇化协同推进的重心应该在中等城市，因而提出了以突出中等城市建设为支点的产业集群升级与新型城镇化协同推进战略。主要包括三个方面：一是以培育世界级先进制造业集群为引领推进产业集群升级，实现由"中国制造"到"中国智造"、从"世界加工厂"到"世界创造基地"的转变，彻底改变中国制造业发展过程中的"低端锁定"状态，全面推进中国产业迈向全球价值链中高端；二是以打造世界级城市（群）为引领推进新型城镇化，主动适应人流、物流、资本流、技术流和信息流在全球网络中的充分流转和合理配置，有序推进农业转移人口市民化，以人的城镇化为核心，推动城镇化水平和质量稳步提升；三是以人力资本的空间分布为引导，以中等城市的建设为战略支点，重构国家产城融合发展思路，从而增加100万~300万人口的非省会地级市与少量优势明显的县级市的数量，既更好地发挥城镇的集聚经济效应，又更好地实现各个层级城镇的分工合作。

为了实现以上目标，作者认为国家政策需要进行三个方面的调整：一是从普惠政策到倾斜政策；二是从地区政策到大国政策；三是从红利政策到新常态政策。根据这三个方面进行调整的要求，进一步设计了中国产业集群升级与新型城镇化协同推进的具体政策体系，包括五个方面：一是通过大力培育创新型产业集群、打造城市群创新生态系统、加大科技成果转化力度等举措，构筑创新激励机制，转换产业集群升级与新型城镇化协同推进动能；二是通过逐步建立以人口自由流动为导向的居住登记制度、逐步弱化农村土地承载的生存社会保障功能、构建农民工市民化的合理成本分担机制等举措，构筑城乡共享机制，夯实产业集群升级与新型城镇化协同推进根基；三是通过以人力资本为导向推进产业集群与城镇空间布局、引导世界级产业集群与世界级城市群耦合发展、鼓励更加密集的中等城市开发、适当限制小城市（镇）工业园区扩张等举措，构筑集约发展机制，优化产业集群升级与新型城镇化协同推进布局；四是通过继续完善全国统一市场、推进产业链跨区域整合、建立城市群一体化统筹机制、健全区际利益补偿机制等举措，构筑区际联动机制，汇聚产业集群升级与新型城镇化协同推进势能；五是通过提升超级城市龙头领导能力、提升中心城市区域服务能力、提升工业城市产业承载能力、便利小城市（镇）居民生活等举措，构筑分类引导机制，增强产业集群升级与新型城镇化协同推进活力。

　　与已有文献相比，本书研究中可能的贡献体现在以下三个方面：①从研究问题的视角上来看，本书立足全球分工背景，系统分析了中国产业集群升级与新型城镇化的协同发展问题，突破了传统上侧重于从区域微观运行视角研究产业集群与城镇化互动关系的局限，为基于国际视野解决中国产业集群升级与新型城镇化协同推进问题创造了条件；②从研究问题的方法上来看，本书运用GIS技术分析了中国制造业集群升级、新型城镇化及其耦合协调度的空间演化过程，从而将地理模拟分析方法运用到研究当中，从而实现了合理运用一些自然科学的相关方法来研究产业集群升级与新型城镇化的协同推进问题；③从研究问题的观点上来看，本书认为未来中国产业集群升级与新型城镇化协调推进的重心应该在中等城市，因此，必须通过政策引导更多资源向中等城市流动，从而使制造业主要集中在非省会地级市与少量优势明显的县级市，进一步优化中国的城市层级和分工。这一观点为中国协调推进产业集群升级与新型城镇化、实现高质量产业发展与高质量城镇化提供了具有战略意义的政策参考。

目　录

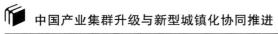

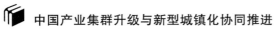

第一章 绪 论

第一节 问题的提出

　　培育产业集群与推进新型城镇化是当前中国各级地方政府重点实施的两大发展战略。一方面，产业集群的经济增长与创新积聚作用，使地方政府不仅将产业集群视为地方经济发展的重要支撑，而且也是地方参与全球分工、提升国际竞争的关键。据中华人民共和国工业和信息化部对全国 29 个省（市）的不完全统计，2014 年，中国形成销售收入超过 20 亿元的产业集群 2530 个（其中，销售收入超过 100 亿元的集群 1198 个，超过 500 亿元的 161 个，超过 1000 亿元的 61 个），一些地区产业集群销售收入已达到本地企业销售收入的一半以上，产业集群作为区域经济主要承载的作用日益明显。另一方面，新型城镇化是自党的十八大以来深化改革的重头戏，2014 年 3 月 16 日，中共中央、国务院颁发的《国家新型城镇化规划（2014-2020 年）》指出，城镇化是现代化的必由之路，是解决"三农"问题的重要途径，是推动区域协调发展的有力支撑，是扩大内需和促进产业升级的重要抓手。因为城镇化可以通过促进消费和投资需求增长、提升人力资本、优化资源配置等来拓展新的内需空间、激发新的增长动力，所以对地方政府来说，新型城镇化不仅是政策需要，也背负着地区扩大内需、拉动增长的重任。

　　但在竞争性打造产业集群与城镇化快速推进的过程中，各地产业低端聚集与城镇空间无序扩张的现象十分严重，导致低端的产业集群不足以支撑新型城镇化，同时粗放的城镇化也不能够承载高端的产业集群。一方面，中国大多数产业集群主要集中于加工、制造、生产和组装等环节，处于全球价值链的低端，尚未形成有效的规模和持续竞争力，与之相对应的城镇化，是高投入、高消耗、高排放的工业化城镇化，为适应以城乡统筹、城乡一体、产城互动、节约集约、生态宜居、和谐发展为基本特征的新型城镇化要求，这些产业集群有必要通过积极嵌入全球价值链，升级成为更具资源吸纳与创新能力的产业集群。另一方面，一些地区在城镇化的过程中，"土地城镇化"快于"产业城镇化"与"人口城镇化"，盲目通过扩大新城新区、开发区和工业园区占地面积进行"摊大饼"式扩张，建设用地粗放低效，难以产生创新性资源的聚集效应、高端产业集群的形成与生长缺乏良性循环的土壤。土地开发速度与城镇化人口增长的不协调产生的"空城"，导致资本、土地与房地产闲置与浪费，形成"伪城镇化"，土地与人口要素在空间上的结构失衡导致资本与土地资源利用效率低，影响了中国城镇化的品质。只有改变这种粗放式城镇化模式，积极推进新型城镇化，才能打造具有持续竞争优势的产业集群，城镇化也就有了产业的可持续支撑。

因此，如何在理论上论证并在政策上指导产业集群与城镇化协同推进、互动提质，突破产业集群与城镇化双重"低端锁定"的困局，促进中国经济社会全面协调可持续发展，是一个亟须解决的命题。正是基于这一考虑，本书拟立足全球化背景，在现有研究方法的基础上，借鉴空间地理学的新近研究——空间数据分析方法，系统分析中国产业集群升级与新型城镇化之间的内在关系与相互作用机制，并运用基于历史演化的制度分析方法，揭示影响中国产业集群升级与新型城镇化相互作用的制度因素及其变迁规律，在理论上拓展产业集群与城镇化研究领域，在应用上寻求一条中国产业集群升级与新型城镇化协同推进的有效途径，为解决中国产业集群与城镇化双重"低端锁定"难题提供政策建议。

第二节　选题意义

改革开放以来，中国工业化和城镇化快速推进，取得了明显的阶段性成效。但与此同时，传统工业化与城镇化的割裂式发展，导致许多城市持续发展的能力较弱，出现了大量的"空城"与"鬼城"。因此，在新的历史时期，如何实现以人为中心的城镇化，是新型城镇化能否取得成功的关键。世界城市发展的历史表明，单纯的工业园区不等于城市，单一功能的工业城市是命运最堪忧的城市。从美国的底特律、匹兹堡到中国东北的工矿城市，都是前车之鉴。面对国内外发展环境的变化以及中国工业化和城镇化进程中出现的现实难题，必须强化产业与城镇协调发展的相关理论研究，为新时期产业与城镇的发展注入新内涵、新任务、新要求，进而确定未来产业与城镇协调发展的新理念、新目标，形成与时代脉搏律动的战略指引，为中国培育产业集群与推进新型城镇化提供科学指导。本书运用现代经济学方法，从全球分工的视角分析产业集群升级与新型城镇化的相互影响和作用机制，并探讨中国现阶段在产业集群与城镇化双重"低端锁定"的约束条件下，如何实现产城融合发展问题，具有重要的理论价值、应用价值和现实意义。

一、选题的理论价值和意义

对产业发展与城镇化关系问题，学术界有个不断深化与认识的过程。自20世纪50年代开始，发展经济学家与地理学家就已经从产业的区位选择、规模经济、工业化水平、产业结构变迁等方面探索产业发展与城镇化之间的交互作用关系（Perroux, 1955；Myrdal, 1957；Hirshman, 1958）。而 Chenery 和 Syrquin（1975）提出的城市化率与工业化率比较的世界模型，较好地概括了工业化、产业结构与城市化关系的一般变动模式。之后，大量的理论与实证研究也表明，城镇化与经济增长、产业结构变化之间具有正相关关系（Renaud, 1981；Henderson, 2004；王可侠，2012；刘建娥，2018；刘淑茹、魏晓晓，2019）。

自20世纪90年代以来，产业集群理论的兴起使学者开始关注产业集群在城镇化过程中的巨大作用，因为，越来越多的地区发展现实表明，一个地区在产业发展过程中，能否形成良好的城镇化效应，关键在于能否形成具有竞争力的产业集群（Porter, 1998）。在理论研究方面，国内外学者从外部效应、交易成本、技术创新、劳动力流动、区域竞争力提升等多个方面，较为全面地分析了产业集群与城镇化的相互作用而形成的循环累积、耦合发展关系及其共振效应（Fujita & Mori，2005；Younes，2012；仇保兴，2004；韩峰、柯善咨，2012；于斌斌、杨宏翔，2015）。随着研究的深入，针对区域差异性，国内外学者从产业集群的特点、产业集群与城镇规模的大小、产业集群与城镇化互促发展的实践过程等不同角度对产业集群与城镇化互动发展模式进行了概括（Brian Crombie，2011；葛立成，2004；曾咏梅，2008；徐维祥，2009；曾柳瑜，2019）。在实证与应用研究方面，许多学者通过案例分析、构建数理模型等方法从实证与计量角度探讨了产业集群发展与城镇化之间的互动发展关系与互动机理，并提出相应的政策建议（Mori & Tomoya etc.，2011；Bathelt & Harald，2014；陈雁云、秦川，2012；于斌斌、胡汉辉，2013；王兆君、任兴旺，2018）。

尤其是近年来，随着全球分工不断深化与中国新型城镇化战略的实施，研究产业集群升级与新型城镇化的文献不断增多。其中，一些学者从嵌入全球价值链视角研究产业集群升级模式与路径的文献（Humphrey & Schmitz，2002；Sassen，2010；卫龙宝，2011；胡大立，2013；孙军娜，2018），已经涉及产业集群升级对城镇发展的影响；同时，部分研究中国新型城镇化内涵、模式与实现路径的文献（吴江，2010；吴福象、沈浩平，2013；张爱武、刘玲，2013；魏敏、胡振华，2019），也考虑新型城镇化对产业集群发展的作用。但只有极少数学者将产业集群升级与新型城镇化直接联系起来进行的研究（曲红、单泪源，2007；马有才等，2012；许树辉、王利华，2014；崔娟、魏三珊，2017）。

综上所述，从研究内容来看，目前文献的研究主要集中在工业化与城镇化互动发展的关系与机制方面，很少有学者直接研究产业集群升级与新型城镇化互动发展的关系、机制与制度等问题。如前文所述，随着中国经济社会的发展以及全球化的不断深入，工业化与城镇化的关系已经上升为产业集群升级与新型城镇化的关系，相关研究也只有进行学理"升级"，才能更好地指导社会实践。基于这一认识，本书立足全球分工背景，系统把握了中国产业集群升级与新型城镇化的协同发展问题，深化了相关研究，在研究的视角、方法与内容上均有所突破。在理论上丰富了有关工业化与城镇化关系的研究成果，并为中国协调推进产业集群升级与新型城镇化提供了有效的理论依据。

二、选题的现实价值和意义

要协调推进产业集群升级与新型城镇化，要先了解当前培育产业集群与推进新型城镇化面临的复杂多变的国际环境。自 2009 年以来，由于全球经济危机的冲击，世界制造业增加值急剧下降。2000～2008 年，全球制造业增加值每年平均增长 3.1%，达到 7.35 万亿美元，到 2009 年，经济衰退导致全球制造业下降了 4.6%，为 7.02 万亿美元。危机对发达国家影响更大，2008～2009 年其制造业增加值下降了 8.1%。面对全球经济危机的影响，世界主要发达国家重新认识到以制造业为主体的实体经济的战略意义，并纷纷推出"再工业化"战略，新兴经济体则纷纷加大了"承接产业转移"的政策力度。汽车巨头福特从中国和墨西哥撤回了一万多个工作岗位；建筑设备供应商卡特彼勒、美国通用撤回多家中国代工厂；越南、马来西亚、墨西哥等一批新崛起的低成本制造业"追兵"来势汹汹。中国制造业 40 年高速发展，透支了"人口红利"，使"人口红利"逐渐消失的中国制造业遭遇到了前所未有的挑战。

必须认识到的是，从美国等国家"再工业化"的实质来看，并不是制造业的简单"回流"，而是发达国家要充分利用制造业本身所蕴含的生产和知识积累能力，实现高端产业培植、尖端科学成果产业化和精致制造能力的提升，以形成占据全球制造业主要领域的核心技术高地以及精致制造和高端尖端制造的技术平台，在新一轮产业革命中占据"至高点"。世界产业竞争新格局，虽然会对中国制造业产生一定的冲击，但同时也为中国经济社会发展再上一个新台阶，进入经济先进国家的行列创造了难得的机会。其中关键的落脚点就是通过产业集群升级，积极抓往世界产业格局调整的重大机遇，亿不利因素为有利条件，进一步加快工业发展，攀登产业制高点，实现从"中国制造"到"中国智造""中国创造"的飞跃。

必须注意到，在快速变动的经济全球化形势下，随着企业交易网络的日益复杂，我们面临的是快速变化的"全球世界"与产业趋利转移的"流动空间"。新的全球分工致使企业越来越易搜寻与转移到那些产业发展更具优势的地区，要在这种"流动空间"导向下的竞争中取胜，将更多地取决于城市功能、文化、空间、环境以及经济的综合实力。因为，从功能的角度来看，城市的优势取决于其在信息网络节点中所处的区位，决定于该城市与世界经济体系接轨的方式和程度；从文化的角度来看，城市的优势源于城市的文化资源、文化氛围、文化品位和文化发展水平；从空间的角度来看，城市的优势取决于城市空间的区位、大小、质量、组合形态及应对未来种种发展可能的弹性；从环境的角度来看，城市的优势源于良好的生态。

日益竞争的世界与企业的快速反应使得发展"机会窗"稍纵即逝，如果把握不准，将错过中国面向新一轮工业革命进行创新发展的最佳战略引导时机。恰恰在这一关键时间节点上，党的十八大报告明确指出，要坚持走有中国特色的新型城镇化道路，要推动信息化和工业化深度融合、工业化和城镇化良性互动、城镇化和农业现代化相互协调，促进工业化、信息化、城镇化、农业现代化"四化"同步发展，从而勾勒出一幅城镇化与工业化融合发展的宏伟蓝图，也为快速城镇化指明了方向。

在此现实背景下，本书从全球分工视角对产业集群升级与新型城镇化的协同发展问题进行了深入剖析，有助于在认识城镇化与工业化融合发展的机制上取得突破，为我们更准确地认识产城融合的内在关联和作用机制，提供了可供借鉴的分析框架和经验证据。更进一步地，本书的研究也为中国把握多层面发展变化趋势、抓住世界经济格局大调整与新一轮工业革命的重大机遇，形成抓住机遇谋发展的关键思路，成功解决中国产业集群与城镇化双重"低端锁定"难题提供了方案，因而具有重要的实际意义和现实价值。

第三节　研究思路和主要内容

一、研究思路

首先，本书在国内外已有相关文献研究的基础上，从分析问题的制度背景和现状出发，提出所关注的问题和研究重点；其次，对所提出的问题进行理论分析和事实模拟，再利用有关计量模型进行实证研究；最后，利用得出的结论进行政策分析。本书遵循"问题提出→理论研究→实证检验→现实指导"的学术思路开展研究，各部分的思路框架如图 1-1 所示。

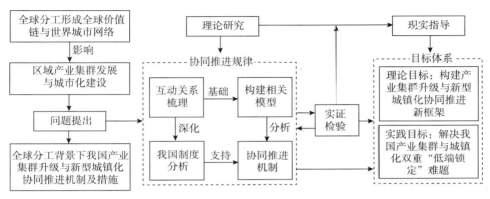

图 1-1　研究的思路框架

二、主要内容

本书将在已有相关研究的基础上，探究产业集群升级与新型城镇化的相互影响及协同推进机制，进而为实现产城融合发展提供政策建议。主要研究内容表现为以下六个方面：

（1）全球分工背景下产业集群升级与新型城镇化的内涵、特征及影响因素。结合文献回顾，研究以下两个方面：①产业集群升级的内涵与特征，并分别从嵌入全球价值链与发挥区域特色的角度，探讨集群升级的条件与影响因素；②新型城镇化的内涵与特征，并分别从嵌入世界城市网络与区域资源集约利用的角度，探讨新型城镇化的实现条件及其内在要求。

（2）全球分工背景下产业集群升级与新型城镇化的互动关系。结合案例分析，研究以下三个方面：①从国际生产网络、集群空间演变、资源聚集效应等方面，分析产业集群升级对新型城镇化的影响；②从世界城市层级、城镇承载能力、制度文化环境等方面，分析新型城镇化对产业集群升级的作用；③运用空间地理学与系统分析法，探讨产业集群升级与新型城镇化的相互影响机理与反馈机制，进而构建经济计量模型，实证检验两者的互动关系。

（3）近年来中国产业集群升级与新型城镇化状况评估。结合数理统计，研究以下两个方面：①从集群的空间分布、集群质量提升、在全球集群体系中的位置等方面，对中国产业集群升级状况进行评估；②从城镇的空间结构、城镇化率、城镇化质量等方面，对中国新型城镇化改善进行评估。

（4）全球分工背景下产业集群升级与新型城镇化的协同推进机制。结合模型构建，研究以下三个方面：①动力机制。分别探析产业集群升级、新型城镇化的内部动力机制和外部动力机制，构建两者协同推进的系统动力学模型，讨论其相互建构、协同推进的微观过程和阶段性特征。②协调机制。探析产业集群升级与新型城镇化协同推进的适配条件，构建两者协同推进的协调机制模型，讨论不同阶段两者协同推进的组织形态与网络关系。③耦合发展机制。探析产业集群升级与新型城镇化协同推进的运行绩效，构建两者协同推进的耦合发展评价模型，讨论不同阶段两者协同推进的模式与优化路径。

（5）中国产业集群升级与新型城镇化协同推进的制度建设与实现路径。结合实证分析，研究以下三个方面：①回顾中国产业集群升级与新型城镇化协同推进的制度建设过程，构建基于历史演化的制度演变分析框架，总体把握中国产业集群升级与新型城镇化协同推进的制度演进规律；②通过比较制度分析，探讨中国为实现产业集群升级与新型城镇化协同推进进行制度创新的条件与主要内容；③确定中国产业集群升级与新型城镇化协同推进的阶段性目标，归纳两者协同推进的一般过程模式与制度路径。

（6）中国产业集群升级与新型城镇化协同推进的政策建议。结合政策评价，研究以下两个方面：①从国家层面，提出中国产业集群升级与新型城镇化协同推进的制度建设路径与政策框架；②从地方层面，对具典型性的、不同类型的产业集群升级与新型城镇化组合模式分别提出具有针对性的协同推进政策建议。

第四节 研究方法和创新之处

一、研究方法

1. 多学科交叉

本书各部分的研究均注重将城市经济学、产业经济学、发展经济学、社会学、协同学等多学科的基本理论进行交叉分析和运用，来诠释产业集群升级与新型城镇化协同推进机制及其规律这一研究主题的相关问题，并创新性地将自然科学的空间地理学理论方法与现有的社会科学研究方法结合起来，探讨产业集群升级与新型城镇化的相互影响机理与反馈机制。

2. 模型构建法

通过构建系统动力学模型、协调机制模型与耦合发展评价模型，分别研究产业集群升级与新型城镇化协同推进的动力机制、协调机制与耦合发展机制。在构建理论模型分析的基础上，利用 Stata 计量软件，借助实证回归方法分析了产业集群升级与新型城镇化的相互影响。

3. 演化分析法

构建基于历史演化的制度演变分析框架，探讨中国产业集群升级与新型城镇化推进过程中利益主体间的相互关系，并设计多元线性回归面板数据模型，在控制其他潜在影响产业集群升级与新型城镇化的多种因素以及有效解决内生性问题之后，实证分析了人力资本空间异质性对产业集群升级与新型城镇化的交互影响。从而深层次地把握中国产业集群升级与新型城镇化协同推进的制度演进规律。

4. 实地调查法

组织相关研究人员，先后到湖南省 14 个地州市（以长株潭地区为重点）、广东深圳与东莞、福建厦门与莆田、上海市、四川成都与德阳、重庆市等地进行了实地调研，较好地把握了中国产业集群升级与新型城镇化现状，并搜集数据及相关资料进行典型案例分析。

二、主要观点

1. 经济社会可持续发展需要产业集群升级与新型城镇化协同推进

新型城镇化建设需要有产业集群升级作为支撑，产业集群升级需要有集约高效的新型城镇化建设来承载，这种内在关系使只有协同推进产业集群升级与新型城镇化，才能有效地实现经济社会可持续发展目标。

2. 产业集群升级与新型城镇化协同推进是有规律可循的

产业集群升级与新型城镇化的协调与反馈，无论是在全球分工宏观层面，还是在区域微观运行层面，都存在规律性，只有深入分析、正确理解这些规律性，才能较为准确地把握产业集群升级与新型城镇化协同推进的本质要求。

3. 有效的协同推进可以通过科学合理的政策设计来积极引导

中国的产业集群升级与新型城镇化有着较明显的政府规划背景，事实上，作为发展中国家，完全可以在既借鉴发达国家成功经验又充分考虑自身特点的基础上，设计科学合理的政策，积极引导产业集群升级与新型城镇化协同推进。

4. 中国产业集群升级与新型城镇化协同推进的重心在中等城市

国家应重点实施以突出中等城市建设为支点的产业集群升级与新型城镇化协同推进战略，主要包括三个方面：一是以培育世界级先进制造业集群为引领推进产业集群升级；二是以打造世界级城市（群）为引领推进新型城镇化；三是以人力资本的空间分布为引导，以中等城市的建设为战略支点，重构国家产城融合发展思路。

5. 国家推进产业集群升级与新型城镇化的政策应进行深度调整

为实现中国产业集群升级与新型城镇化协同推进目标，本书认为，国家政策需要进行三个方面的调整：一是从普惠政策到倾斜政策，政策优惠要向创新要素集聚区倾斜，同时要针对重点制造业集群设计倾斜性政策；二是从地区政策到大国政策，基于大国发展战略而不是地区局部利益制定政策，形成合力和综合竞争优势；三是从红利政策到新常态政策，经济发展的政策要从"重量"的红利政策转向"重质"的新常态政策，并挖掘新的红利。

三、创新之处

1. 新的研究视角

从全球分工视角研究中国产业集群升级与新型城镇化协同推进问题，突破了传统上侧重于从区域微观运行视角研究产业集群与域镇化互动关系的局限，为基于国际视野解决中国产业集群升级与新型城镇化协同推进问题创造条件。

2. 新的研究方法

将空间地理学理论方法引入到探讨产业集群升级与新型城镇化的相互影响机理与反馈机制中来，并运用 GIS 技术分析中国制造业集群升级、新型城镇化及其耦合协调度的空间演化过程，从而将地理模拟分析方法运用到研究当中。

3. 新的政策思路

本书认为，未来中国产业集群升级与新型城镇化协调推进的重心在中等城市，因此，必须通过政策引导更多资源向中等城市流动，从而使制造业主要集中在非省会地级市与少量优势明显的县级市，从而提出以中等城市建设为支点的产业集群升级与新型城镇化协调推进思路。

第二章　产业集群升级与新型城镇化协同发展：文献述评

近些年来，中国经济增长的动力已经由工业化单引擎向工业化与城镇化双引擎转变，产业集群与城镇化的互动发展也已成为中国区域经济发展过程中一个十分显著的经济现象。同时，从改革开放之初的"三来一补"，到"走出去"，再到"一带一路"的宏图布局，中国经济介入全球化的程度也在不断深入，因此，基于全球价值链分工的新兴产业集群在中国不断涌现，并逐渐成为中国新型城镇化的重要推动力量，产业集群与城镇化的互动已经上升为产业集群升级与新型城镇化的互动。对产业发展如何推进城镇化、产业集群升级如何与新型城镇化互动等问题，学术界不断深化认识，并已经取得较为丰富的研究成果。

第一节　相关概念

一、产业集群升级

对产业集群升级概念的理解主要有产业融合与价值链攀升两个基本视角。产业融合视角更关注产业集群自身发展，从集群治理及其网络优化的角度，将产业集群升级理解为产业深度融合后集群整体品质的提升。例如，朱华友与陈军（2009）研究产业集群治理结构在内容和机制上的分异，分析网络治理和价值链治理对产业集群升级的影响，并建立了产业集群升级的综合分析框架；刘珂（2009）指出，产业融合通过技术创新、产品创新、市场创新和组织创新，可推动产业集群实现工艺流程升级、产品升级、功能升级和价值链升级；王娇俐等（2011）认为，产业集群升级是集群企业间或与外部的网络结构变革以及在结构变革基础上通过创新活动提升集群的发展能力；易开刚与马骊（2014）指出，集群内各企业通过对知识技术的分享、学习和创新，不仅能够促进自身成长，也能够推动产业集群实现全面优化与升级；李肖钢与李秋正（2016）认为，产业集群升级是通过集群内各企业的努力和组织程度、组织结构的优化，不断强化企业之间以及企业和其他机构的合作及人际关系网络，促进集群内的知识创新和进步，最终实现集群内部组织、技术、产品、价值的升级。

　　自20世纪90年代以来，全球价值链理论提供了一个将集群升级理解为集群在嵌入全球价值链的过程中向高附加值环节攀升的新视角，认为产业集群升级意味着集群能够在全球价值链中获取更高附加值和更强劲的发展动力。例如Humphrey和Schmitz（2003）认为，产业集群升级主要是指集群企业基于全球化分工要求，生产出更好的产品，提高劳动生产率或进入技术含量更高的领域，从而提高销量，获得更大收益；曹丽莉（2010）将全球价值链划分为购买商驱动型与生产商驱动型两种类型，指出无论何种情形，产业集群就是沿着价值链升级，通过提高产品的附加值在全球价值链中由低端走向高端；张卫华与梁运文（2017）的研究进一步指出，随着"互联网+"的渗入和发展，全球产业组织形式和分工模式再次发生深刻变化，产业功能价值模块的知识跨界、跨区域流动速度不断加快，产业对区域载体的依赖程度也有所下降，使产业网络集聚的外部性替代了地理集聚的外部性，因而产业集群升级最为关键的是主动嵌入全球价值链，获取更高附加值；陈启斐等（2018）在实证分析参与全球附加值贸易对中国内陆地区产业集群升级的影响时，将全球价值链上的附加值出口贸易额作为产业集群升级替代变量，并且认为全球附加值贸易是一种沿着全球价值链增值的"纯附加值"贸易，内嵌的技术和知识含量远远高于一般的贸易形式。

　　事实上，产业集群的产业融合与价值链攀升是相辅相成的，集群品质提升必然促进集群全球价值链攀升，而集群全球价值链攀升也必然带来集群产业的深度融合。因此，产业集群升级是通过集聚高端要素、优化组织结构与专业分工、提升自主创新能力，实现集群产业深度融合并向全球价值链高端环节延伸，持续获取更高附加值的过程。

二、新型城镇化

新型城镇化是党的十八大以来力推的重点改革，相对于传统粗放式用地、用能的城镇化而言，新型城镇化更强调内在质量的全面提升，也就是要推动城镇化由偏重数量规模增加向注重质量内涵提升转变。对这一概念内涵的理解，学者们的差别并不大，但侧重点仍然有所不同。例如，中国金融 40 人论坛课题组的专家们（2013）分析了传统城镇化低效率的弊端，提出新型城镇化的"新"在于提升城镇文化和公共服务，完成农民到市民的转变，而不仅是追求城镇空间扩张和城镇建设；任远（2014）认为，新型城镇化除了城镇空间扩张和城镇人口比例提高之外，还要注重以人为本，是将城镇化的动力、目标和发展过程回归到人本身，将人的权利、人的发展能力、人的福利和幸福作为城镇化的核心；王沛栋（2015）认为，新型城镇化除了城镇空间扩张和城镇人口比例提高之外，还要注重以人为本、转型升级、科学发展，全方位实现由"乡"到"城"的转变；杨佩卿（2017）从城乡发展一体化的角度阐述新型城镇化，认为它以城乡统筹、产城互动为特征，是大中小城市、小城镇、新型农村社区和生产聚落互促互进、协调发展的城镇化；徐秋艳等（2019）认为，新型城镇化是相对于传统意义上的人口城镇化而言的，是更加注重自身质量和内涵的城镇化，秉承科学发展观，要求城镇化协调、绿色发展。

事实上，学术界关于新型城镇化概念的界定大都是从不同角度对中央相关文件精神的合理阐释。综合其中观点，新型城镇化是在坚持创新、协调、绿色、开放、共享五大发展理念的基础上，更加注重以人为本，更加突出城乡统筹、产城融合、生态宜居与可持续发展，追求城镇功能的普遍提升，最终实现"产业—空间—人口—生态"融合演进的城镇化。

第二节 产业集群升级与新型城镇化的协同发展关系

一、产业集群升级是新型城镇化的重要驱动力

Alonso（1965）认为，城市产业结构演化与产业集聚是城市空间扩展的直接动因。Stern 等（1992）研究发现，城市空间扩展的驱动因素多元而复杂，但经济中的产业结构变革是影响城市空间扩展的重要因素。Fujita 等（1999，2013）基于新经济地理学视角指出，在"路径依赖"作用下，各项产业和经济活动皆具有空间聚集偏好，空间聚集进一步引致城市空间扩展。曾煜与陈方亮（2004）、刘峥（2018）等研究发现，中国一些地区城镇化水平偏低的主要原因在于产业集聚力不强，传统粗放式城镇化之所以低质，一个重要的原因是产业集群的"低端锁定"。可见，一个地区的产业集群，只有能够嵌入全球价值链进行升级，才能实现对高质量城镇化的正向驱动作用。

对此一个重要的解释是，产业集群升级可以引发城市空间扩张与城市质量提升。首先，工业化带来的产业集聚与规模扩大推动城市空间扩展。随着工业化程度的提升，城市核心区土地往往被服务业用地所取代，核心区工业"被迫"外迁，城市空间扩展。然后，为了与外迁的工业匹配，交通等基础设施与配套居住空间也会向郊区延伸，城市空间就会出现新一轮扩展。例如，修春亮与祝翔凌（2005）对葫芦岛、梁辰等（2012）对大连、冯斌与陈晓健（2013）对石嘴山、张洪恩（2014）对青岛、郑伯红与王桂芹（2017）对湘潭、朱龙培（2018）对郑州等诸多关于城市空间扩展的案例分析，均发现产业结构变迁对城市空间扩展有着显著影响。

其次，产业集群升级使同类企业面临更激烈的竞争，通过优胜劣汰的自然选择机制促使集群内部改进生产技术和经营管理，在提高产业集群自主创新能力的同时推升城市的创新能力，从而为城市发展提供内在动力。例如，曲红与

单泪源（2007）认为，产业集群升级与创新是密不可分的，当集群竞争优势的源泉由低成本转向创新能力时，集群升级最终归结为城市创新系统的升级，带来更高质量的城镇化；于斌斌与胡汉辉（2013）发现，产业集群与城镇化存在生产要素、产业结构、空间布局及制度环境四个方面的耦合关系，不同互动层级的参与者在创新机制、选择机制和扩散机制的共同作用下，内生性地推动两者从萌芽起步阶段向耦合发展阶段再向创新整合阶段不断地进行层级转换和阶段跃迁，而产业集群升级与新型城镇化的互动是两者的创新整合阶段；许树辉与王利华（2014）的研究表明，产业集群与城镇化在创新主体、创新空间、创新资源上相互重叠，互为动力，产业集群升级对城市政策创新、主体创新、资源创新、机制创新，甚至空间组织创新都会产生明显的拉动作用，最终使城市在全球城市功能体系地位得以提升；刘鹏与张运峰（2017）的实证分析显示，产业集聚会显著影响FDI在城市创新中的溢出效应，并且相比于多样化集聚，本土产业专业化集聚更容易吸收和传播FDI的溢出效应，提升城市创新能力的作用也更为明显。

二、新型城镇化能够为产业集群升级提供适宜"土壤"

一般认为，城镇化是国家制造业转型的重要动力。Black（1999）指出，城镇聚集效应中的人力资本提升是连接城镇化与制造业结构发展的桥梁。Michael（2012）通过实证研究发现，城镇化进程能提高制造业技术的发展水平和创新能力，加速现代制造业的协同集聚。辜胜阻（2012）、何立春（2015）认为，新型城镇化为制造业结构向高级演进提供了要素支持和需求导向，对制造业结构升级具有强烈的空间冲击，提高要素空间集聚的外部经济性和研发创新效率，对制造业结构层次有显著的提升作用。张宗益等（2015）指出，新型城镇化在不同区域的转型效应明显不同，城镇化通过梯度扩散空间发生动态演变，进而推动区域经济提升和产业转型升级。徐秋艳等（2019）发现，新型城镇化通过发挥其对产业的"选择效应"，能够优化产业结构，提高社会生产率，有效推动经济增长。

对此的一种解释，王琦与陈才（2008）的研究发现，产业集群发展需要有区域经济空间作为载体。换言之，产业集群成长和升级需要有一个更优越，包括自然资源、生态环境、经济社会条件等的"产业承载系统"相匹配，而新型城镇化恰恰可以为产业集群提供更加便捷的资源共享平台，有利于集群企业相互合作，实现集群成长和升级。例如，Michaels 等（2012）立足全球视角对城市化进程进行分析，指出世界性的城市化推进了全球产业的分工重组，加速了产业集聚，从而形成专业分工，有利于地方产业集群升级；吴福象与沈浩平（2013）认为，新型城镇化通过人口与产业双向的空间聚集和累积作用，不仅提供了创新要素的来源，而且也提高了要素空间集聚的外部经济性，也因此带动了相关产业的发展和结构的调整，提高产业集群的层次；孙叶飞等（2016）发现，新型城镇化以节约集约、产业互动、生态宜居为基本特征，势必会对原有产业发展模式产生变革性引导作用，部分粗放型企业会因此退出市场，而集约型、高附加值型的新型企业方可存活下来，这种"选择效应"可以促进高新技术产业的集聚，有效促进产业集群升级。

三、产业集群升级与新型城镇化存在良好的协同发展关系

早期，多数研究都关注到了产业集群与城镇化两者其一在发展过程中对另一者的重要作用，这主要归因于各领域对产业、城市两者研究的侧重点不同。随着研究的深入，人们发现产业集群与城市化形成有着共同基础，其相互间的协同发展关系被逐渐揭示。例如，Krugman（1991）借鉴外部性理论，确认了产业专属技能的劳动力市场、非贸易的特定投入品、信息溢出改进生产函数等所形成的特定产业地方化是专业化城市产生的根本原因；而 Mills 和 Hamilton（1994）将外部性运用到城市形成理论中，构建了米尔斯—汉密尔顿城市形成模型，认为城市化的主要动力是产业的区位选择和集聚过程；Duranton 和 Puga（2001）则提出"技术池"观点，认为城市化形成的专业化、多样性可以为企业提供更多的技术选择机会来改造生产流程，进而影响企业的规模生产、技术匹配、资本外溢和区位选择；Duranton 和 Puga（2005）则提出"城市功能专业化"（Functional Urban Specialization）概念来描述区域分工形式并构建了城市功能专业化指数，不仅可以测度城市的分工水平，也能反映企业组织形式和产业空间结构的双重变化。而中国学者则主要是从中观和宏观两个层面对

产业集群与城市化的互动关系进行了相关的理论和实证研究。例如，苑卫卫（2014）、周晓晔等（2015）研究了产业集群与城镇化的互动发展关系及其互动的机理机制；杨志恒等（2018）的研究则进一步发现，产业集群与城镇化之间存在长期稳定的均衡关系，短期内两者呈负向反馈，但短暂波动后产业集群会不断调整，逐渐与城镇化相适应。

近年来，鉴于产业集群升级与新型城镇化的相互支撑作用，关于两者的耦合协调关系和协同推进效果在中国越来越受到关注。陈斌（2014）基于系统耦合视角对产业集群和城镇化关系进行分析，发现两者在同一区域内互为发展和约束条件且耦合作用明显，通过构建产业集群与新型城镇化耦合模型，结果表明，产业集群与新型城镇化耦合度会对集群发展产生门槛效应，同时影响到地区新型城镇化建设的进程与质量，因而地方政府需要注重产业集群和新型城镇化的综合治理；刘鲛肖（2015）结合当代中国产业集群发展特征以及新型城镇化理论内涵，对新型城镇化与产业集群协同发展的模式进行了探索，提出了基于产业转移的、基于融资方式改革与创新的以及基于加速服务业发展的三种中国新型城镇化与产业集群协同发展模式，指出基于产业转移的城镇化与产业集群协同发展模式是一种更为基础、适应范围更加广泛的协同发展模式，而产业集群升级与新型城镇化的相互促进、良性互动已成为中国经济稳定、持续增长的重要动力；赵增耀与陈斌（2017）认为，产业集群与城镇化是区域经济中相互作用的两个系统，两者耦合作用表现为正反馈或负反馈，通过构建城镇化与产业集群的耦合模型，实证发现提高城镇化与产业集群耦合水平会对技术创新效率产生正向影响，有利于促进区域创新发展；邓志旺（2017）对中国近60年产业集聚与城市发展之间的关系进行了回顾与梳理，得出了产业集聚与城镇化关系逐步从分离到联动的结论，认为产业集聚与城镇化良性联动是人、产业与城市协调发展的基础，是新型城镇化的核心。

第三节　产业集群升级与新型城镇化协同发展关系测度

一、产业集群升级水平测度

目前识别产业集群程度的指标主要有行业集中度（Concentration Ratio，CR）、区位熵（Location Quotient，LQ）、空间基尼系数（Spatial Gini Coefficient，G）、赫芬达尔—赫希曼指数（Herfindahl - Hirschman Index，HHI）、Hoover 系数与 E-G 指数等。关于产业集群升级的研究，国内外学者侧重于其形式、机理与影响因素等内容，对其进行测度的文献较少，并集中于两种思路：一是通过度量集群创新或竞争能力的提升进行间接测度。潘利（2007）运用生产要素改进、集群内企业发展程度（包括企业管理水平提高、企业信用度提高、企业品牌等）与产业集群系统结构优化程度（包括产业结构、集群网络、集群品牌、集群创新能力提高、产业集群不断履行社会责任等）来度量产业集群升级；周扬波（2012）在以上海 IC 地方产业集群为例的研究中，采用与上海 IC 产业相关的资本累积、科研投入、科技人员人数、企业规模等来衡量高级生产要素的积累情况，并将高级生产要素的积累作为集群升级的关键度量指标；芮雪琴等（2014）运用创新能力（包括创新投入、创新产出、创新潜力等）、生产效率（新产品产值占总产值的比重）、竞争优势（成本费用利用率）来度量产业集群升级的程度；姚刚等（2016）对集群企业升级行为解释为生产结构的改善及素质与效率的提高、生产要素的优化组合、技术水平和管理水平以及产品质量的提高，并运用（过去几年中）集群竞争力增强、新产品的引进或开发、在产业链中逐步向更高附加值迈进、实现了战略更新等指标来进行度量。二是通过直接计算集群企业在全球价值链上的"分工位置"变化来进行直接度量。但这方面的研究才刚刚开始，一些文献只是为此提供了必要的技术手段，例如，王金亮（2014）利用 Antras 等定义的上游度指数，通过测算中间产出经过各子环节变成下游产出的所有环数目来表征价值链中某行业的坐标，并对中国产业特别是制造业的上游度进行了测算，比较得出中国产业处于全球价值链低端的结论；王岚与李宏艳（2015）利用Koopma等定义的GVC地位指数，通过构建和测算价值链地位指数、增值能力指数和价值链获利能力指数，刻画了1995~2011年中国不同技术水平制造业融入全球价值链的路径及其演进特征；葛顺奇与罗伟（2015）构建了企业可执行多工序的全新生产函数，证明了增加值率和要素（劳动力、资本和人力资本）密集度以及"工序构成"的联动关系，为通过计算产业集群在"工序结构"上的变化来测度其升级水平创造了条件。

二、新型城镇化水平测度

尽管学者们主要以城镇常住人口的城市化率来衡量各个地区的城镇化水平，但鉴于新型城镇化的丰富内涵，传统城市化率这一单一维度指标并不能承载新型城镇化发展的全部内容，而需要通过构建综合评价指标体系，从多个维度进行分析。国际上具有代表性的是联合国人居中心提出的城镇发展指数（Comprechensive Development Index，CDI）以及城镇指标准则（Utility Industry Group，UIG），均包含经济、社会、环境等方面内容。国内学者对新型城镇化的测度主要采用复合指标法，虽然具体的指标体系构建存在差异，但现有研究的测度指标大多都包含人口、经济和社会三个方面。例如，彭冲等（2014）提出，人口城镇化、经济城镇化、空间城镇化、社会城镇化四大类共15项具体指标构建新型城镇化的评价体系；王新越等（2014）建立了由人口、经济、空间、社会、生态环境、生活方式、城乡一体化、创新与研发八个子系统构成的新型城镇化评价体系，并采用熵值法确定评价指标权重，对新型城镇化发展水平进行测度。随着对新型城镇化研究的不断深入，学者们对其内涵的理解也越来越丰富，并逐步将社会公平评价放到对新型城镇化的评价体系当中。例如，吕丹等（2016）基于公共服务均等化和生态建设等新型城镇化的社会及生态内涵，在系统梳理既有城镇化质量评价指标体系的基础上进行客观和发展式的评价，进而针对既有评价体系的不足和缺陷，提出更加完整的新型城镇化质量评价指标体系的构建思路；而李红燕与邓水兰（2017）选取涉及经济、社会、生态、空间等多个视角来构建新型城镇化的指标体系，包括指标有经济城镇化、人口城镇化、空间城镇化、社会城镇化、生态城镇化和平等城镇化六个方面共 26 个二级指标，其中平等城镇化包括城乡居民收支均衡度及联系度等。

三、两者协同发展关系测度

关于两者协同发展关系的测度，存在两个基本层次。

第一个层次是通过实证分析，论证两者间协同发展关系的存在性。例如，陆根尧与盛龙（2012）通过建立固定效应模型，分别对东、中、西部产业集聚与城市化关系进行分析，得出两者之间存在相互促进的关系，并且产业集聚对城市化的促进作用随着产业集聚程度的提高而先变大后变小，但城市化对产业集聚的促进作用，在中国当前发展阶段下会随着城市化水平的提高而持续增强；曾国平与吴明娥（2013）以服务业集聚为例，采用各省份 2000～2011 年的样本面板数据，运用空间计量模型论证服务业集聚对城市化发展的影响，表明中国城市化发展呈现明显的空间集聚特征和空间溢出效应，物质资本集聚度对城市化发展的作用下降，相反，人力资本集聚度的作用上升；马志东与俞会新（2016）分别选取东部和中西部的省市作为样本，运用面板数据模型进行分析，得到产业集群与新型城镇化的显著相关关系和阶段性差异；夏永祥与何育静（2016）以江苏省为例，考虑产业集群和城镇化的综合性设计测度指标，运用多元典型相关分析法对产业集群与城镇化的关系进行实证研究，发现两者显著相关并具有互动发展作用。

第二个层次是构建"产城融合"度指标进行测度，对两者协同发展的程度进行度量。例如，王霞等（2014）以 56 家国家级高新区为样本进行实证研究，通过因子分析法建立了高新区产城融合度评价体系，包括 3 个一级指标、13 个二级指标、38 个三级指标，并用熵值法为各类评价指标赋权重，最终取得各高新区的综合得分和排名；徐维祥与刘程军（2015）运用耦合协调模型、地理加权回归模型以及趋势面分析等方法对产业集群创新与浙江省县域城镇化之间的耦合协调度进行测度，并分析了其空间特征以及驱动力，发现浙江省产业集群创新与县域城镇化协调度呈现持续的空间集聚态势，且集聚的强度呈倒

"V"型的变化态势；丛海彬（2017）在资本自由流动的两城市模型中引入产城融合变量，并从人本导向、产业支撑和功能匹配三个方面17个具体指标构建产城融合的指标体系，并基于产城融合的要素适配模型，对2000年以来中国的产城融合路径及其时空演变进行了动态刻画，进而利用2003~2014年中国252个地级市的面板数据对理论进行实证检验。从相关测试的结果来看，在快速推进城镇化的进程中，中国许多地区存在产城融合度较低的情况，其原因可能源于中国城镇化过程中具有明显行政主导色彩，而地方政府在"土地财政"支配下往往实施城镇化先行策略，导致产业集群升级和新型城镇化不能协同发展的现象广泛存在。

第四节　文献述评

综上所述，相关文献已经充分认识到产业集群升级与新型城镇化之间的互动关系及其协同发展的重要性。产业集群升级能为新型城镇化集聚生产要素、产业和人口，推升新型城镇化水平；新型城镇化也能为产业集群升级创造社会需求、提供发展空间、供给生产要素，推进产业集群升级。以上研究为我们的研究奠定了较好的基础，但仍然存在四点不足：

（1）从研究视角来看，学者们主要侧重于从区域微观运行视角研究产业集群与城镇化的互动关系，较少有学者立足全球分工背景，系统把握中国产业集群升级与新型城镇化的协同发展问题。

（2）从研究方法来看，当前的研究主要采用的是社会科学方法，虽然也有少量学者运用种群生态学等自然科学理论来研究产业集群的发展问题，但还很少有学者运用自然科学的相关方法来研究产业集群升级与新型城镇化的协同推进问题。

（3）从研究内容来看，目前的研究主要集中在产业集群与城镇化互动发展的关系与机制方面，很少有学者直接研究产业集群升级与新型城镇化互动发展的关系、机制与制度等问题。

（4）从提供的政策方案来看，虽然现有研究测度发现中国许多地区的产业集群升级与新型城镇化协同发展的程度偏低，并提出了一些有价值的建议。但由于缺乏系统思维，使多数研究的结论往往片面地强调如何进行产业集群升级来吸纳更多企业，或如何通过提升公共服务来吸纳更多人口以破解城市的发展失衡，但这种结论并不适用于所有城镇，原因在于，并不是所有城镇都有产业集群持续发展升级的基础或吸纳"足量"人口的能力。因此，关于中国产业集群升级与新型城镇化协调推进的政策方案，必须具备系统思维。

　　鉴于当前研究的这些不足，本书将进一步深化相关研究，以期在研究的视角、方法、内容与政策建议上均有所突破。

第三章 产业集群升级与新型城镇化协同推进机制

产业集群升级与新型城镇化的空间同一性，是两者互动发展的重要前提。但是，正如于斌斌与胡汉辉（2013）所认为，产业集群与城镇分属于两个具有不同的行为特征和网络结构，而又相互影响、相互适应的动态复杂性系统。产业集群所强调的产业生态系统与城镇所强调的人居生活系统有着内在的耦合关系。在两者动态互动的过程中，容易形成正负反馈机制，当两者形成正向反馈机制时，城镇化就会形成良性循环，如果两者发展错位，就会出现类似拉美国家城镇化水平超出其产业发展水平，形成大规模贫民窟、社会秩序混乱的局面；或者一些重工业化国家，城镇化水平落后于产业发展水平，导致经济长期失衡、市场与现代化发展受限的现象。因此，要深入理解产业集群升级与新型城镇化之间的耦合关系，有必要更深入地研究产业集群升级与新型城镇化协同演进的动力机制与影响因素，分析其协同演进路径、条件及效应，从而系统地揭示其中基本规律。

第一节 产业集群升级与新型城镇化协同推进的结构与内容

一、产业集群升级与新型城镇化协同推进的结构

根据各类主体互动的对象和范围，我们认为，产业集群升级与新型城镇化协同推进的结构可以分为微观、中观和宏观三个层次。在微观层次上，产业集群升级与新型城镇化拥有近乎一致的微观活动主体；在中观层次上，产业集群升级与新型城镇化在同一时空范围内进行演化；在宏观层次上，产业集群升级与新型城镇化受到共同的社会文化与制度环境影响。

（1）在微观层次，产业集群升级与新型城镇化的主体都是异质性个体，包括个人与企业组织等。对个人来说，要由产业集群中的企业提供就业机会并形成收入来源，同时要由城镇提供生存与生活环境；对企业来说，既是产业集群升级的主要承担者，又是城镇化建设的重要服务对象。微观活动主体的同一性，是产业集群升级与新型城镇化形成协同推进关系的前提。

（2）在中观层次，产业集群升级与新型城镇化演化的时空范围是同一的。在时间维度上，产业集群存在包括"诞生—成长—成熟—衰退—转型升级"等阶段的生命周期，而伴随着这一过程的，是城镇的繁荣兴衰，当产业集群形成时，是城镇的兴起阶段，当产业集群成熟时，是城镇的繁荣阶段，当产业集群走向衰退时，则意味着城镇也将走向没落，当产业集群实现转型升级时，表明城镇也将获得新一轮繁荣。在空间维度上，产业是城镇发展的基础，城镇是产业发展的载体，虽然在一定程度上，产业功能与城镇功能是有差别的，因而存在功能分区的可能，但不管是"产城分离"还是"产城融合"模式，都是在一个"因产业而扩城、因城镇而兴业"的相向而动的空间范围内进行，空间的区位、大小、质量、组合形态及应变未来种种发展可能的弹性，既决定了城镇的潜力，又对产业集群的发展起到决定性作用。时空范围的同一性，是产

业集群升级与新型城镇化形成协同推进关系的基础。

（3）在宏观层次，产业集群与城镇化有着共同的成长环境。一般情况下，衡量一个城市是否有吸引力、竞争力和发展潜力，最重要的是看它的文化、生态与制度等构筑的宏观环境。在信息时代，交通、通信技术的日新月异，城市经济的发展特别是新经济对区位条件的依赖逐渐减小，而对资本流动、人才吸引、文化氛围等的需求愈趋强烈，制度化、生态化的人居环境已日益成为吸引现代资本流、信息流、物质流和人才流的理想场所，世界高新技术产业、现代服务业的布局特点无不体现出这一趋势。成长环境的同一性，是产业集群升级与新型城镇化形成协同推进关系的保障。

二、产业集群升级与新型城镇化协同推进的内容

产业集群升级与新型城镇化是社会发展、经济增长与空间演化等共同作用的结果，因而两者协同推进的内容十分丰富，根据相关文献，我们将其归结为四个主要方面：要素内容、产业内容、空间内容与环境内容。

1. 要素内容

主要包括产品、技术、资本、人才等生产要素。在产品上，一方面，产业集群中的企业作为生产商，其生产活动可以为城市居民提供产品供应能力，满足城镇居民的需求；另一方面，部分城镇居民本身就是集群企业的劳动者，其余部分居民很大程度上可以看作维持企业正常生产活动的服务者，其服务能力很大程度上影响到企业产品的销售，因而存在与企业生产活动的互动与对接。在技术上，一方面，城镇作为一个"子创新系统"，其技术平台的高低与外溢往往是吸引企业并决定企业技术创新能力的关键；另一方面，在市场环境下，城市创新能力的高低需要通过企业技术创新与产业化体现出来，产业集群与城镇技术创新的良性互动是地区创新能力提升的重要条件。在资本上，产业集群升级需要大规模资金，而城镇化恰恰为资本积累提供了便利，通过构筑系统严密的金融体系和发达的资本市场，城镇化能够为产业集群升级提供良好的资本支撑。人才上，产业集群升级需要高端人才，而城镇可以因优越的生活环境、公共服务来吸引人才，并通过构筑人才交流信息平台来实现人才与企业的对接，从而满足企业需要。产业集群与城镇正是通过产品、技术、资本、人才等

生产要素频繁互动而产生"累积因果效应",最终形成地区发展的强大动力。

2. 产业内容

主要包括产业技术的系统匹配、城镇的生产服务体系和基础设施的配套。在产业技术的系统匹配上,由于传统历史文化、资源禀赋与产业发展的路径依赖等原因,不同的城镇可能会形成有差异的技术研发特点,如果城镇系统技术环节与集群系统生产环节能够匹配,则可以推动整个产业集群的优化与升级,反之,则说明产业集群具有"外生性",需要城镇构筑新的技术环节来适应,从而可能延长产业集群升级时间。在生产服务体系上,从广义上来讲,包括城镇为产业集群发展提供的所有服务功能,从狭义上来讲,主要是集群制造业与城镇生产性服务业之间的相互作用、相互依赖、共同发展的互动关系,特别是新一轮工业革命加快了制造业和服务业深度融合的趋势,未来的工业化进程将在相当长时期内保持制造业和生产性服务业相互增强发展的局面,因此,城镇生产性服务业的发展水平很有可能决定了城镇制造业的发展上限。在基础设施上,一方面,城镇良好的基础设施系统可以大大降低集群企业的交易成本和生产成本;另一方面,城镇扩张会形成对水资源供应、跨区域交通、环境保护、能源通信等基础设施的建设需求,而大量的固定资产投资会引发工业部门的投资扩张,从而带动相关产业的发展,为产业集群升级助力。

3. 空间内容

主要包括空间演化格局的协同、地区分工的协同与区域间产业转移的协同。在空间演化上,从本质上来看,产业集群与城镇化其实都是经济集聚的表现,产业集群的形成与升级,主要依赖于将适宜自身发展的"地域产业承载系统"作为空间载体,这一载体包括自然资源、生态环境、社会经济等若干子系统,体现了相关因素在特定空间的集聚,而适宜的地域产业承载系统的形成,既是城镇化的结果,也是城镇化的动力。在地区分工上,不同的资源禀赋和区域优势形成了产业的地区分化,每个地区往往会因此形成具有一定比较优势的产业工序结构,在一定空间范围内形成上下游关联、产品结构互补、资源互补、功能互补的产业链,并不断延伸、再造和升级,而这一过程也会影响到城镇之间的相互关联关系。在区域间产业转移上,曾祥炎与刘友金(2014)指出,"当某一区域产业承载系统不能满足某一产业的发展要求时,或者另一区域产业承载系统能更好地满足这一产业的发展需要时,产业就有可能在这两个区域间进行区位再调整，产业转移借此发生"，一定意义上，世界工业化与城镇发展史就是一部产业转移史。因此，无论是"转出地"还是"转入地"产业集群升级，都与产业的空间转移密切相关，与此同时，产业转移还会引发"转出地"城镇化的质量提升与"转入地"城镇化的空间扩张，形成城镇化推升效应。

4. 环境内容

主要包括制度环境、生态环境与人文环境等。在制度环境上，于斌斌与胡汉辉（2013）指出，"城市系统是制度环境的主要创造者和承载者，而良好的制度环境是产业集群发展的关键"，如果一个城镇具有良好的制度环境，就可以为集群发展提供公平、公正的竞争制度和法律保障，从而有效降低集群企业的交易成本和合作成本。相反，如果一个城镇的制度环境是封闭的甚至是掠夺性的，就会对产业集群升级带来负面影响。更进一步地，产业集群升级会使自身的制度进行适应性调整，同时还会调整、优化城镇的制度环境。在生态环境上，良好的生态环境是城镇赖以生存的基本条件，它可以让城镇实现和谐共生，而要实现这一点，就必须走新型工业化道路，构建起能够支撑两型社会建设、可持续发展的新型产业体系，所以，实现绿色发展，改善生态环境，也是产业集群升级的重要方向之一。在人文环境上，一个城镇的文化资源、文化氛围、文化品位和文化发展水平，是衡量它是否有吸引力、竞争力和发展潜力的重要依据，因为，适应经济全球化和知识经济发展趋势的先进文化，会对高端要素（如高端人才、先进技术、高端服务等）产生巨大的吸引力和凝聚力，从而为产业集群升级打下坚实的基础。

第二节　产业集群升级与新型城镇化协同推进的动力机制

一、产业集群升级与新型城镇化协同推进的动力机制构成

产业集群升级与新型城镇化的互推过程，表现在社会经济系统的各个层面，

其动力机制来自于各个层级之间的相互嵌套和互为因果，具有自组织理论特征。总体上，可以从两个方面来划分其动力机制：一是自身发展的需要，属于内部动力机制；二是迫于外部环境进行改变，属于外部动力机制。一方面，产业与城镇发展是地区发展的基础，这既包括产业集群与城镇化量的扩张（如产业集群的产值增加与城镇的用地面积增长），又包括产业集群与城镇化质的提升（如产业集群的价值链升级与城镇的全要素生产率的提高），在这一演化过程中，会形成产业集群升级与新型城镇化协同推进的创新机制、选择机制与扩散机制。另一方面，随着经济全球化、信息化、一体化的加速，全球范围内的人流、物流、资金流和信息流的规模和流动速度都在不断提升，新的全球分工致使企业越来越易搜寻与转移到那些产业发展更具优势的地区，要在这种"流动空间"导向下的竞争中取胜，将更多地取决于地区功能、文化、空间、环境以及经济的综合实力，区域的优势取决于其在信息网络节点中所处的位置，取决于该地区与世界经济体系接轨的方式和程度，在全球分工与区域竞争的倒逼下，会形成产业集群升级与新型城镇化协同推进的外部竞争机制与分工机制。

二、产业集群升级与新型城镇化协同推进的内部动力机制

产业集群犹如一个磁场，不仅会吸引工厂、新企业根植于本地繁衍、成长，而且还会吸引其他地区的资本和相关生产要素聚集，进一步促进产业集群的发展。产业集群自身的能量积累，自我进化能力可以使地区城镇化获得持续动力，而城镇化的发展又反过来为产业集群升级创造条件，形成良性循环。这种产业集群升级与新型城镇化协同推进的内部动力机制主要有创新机制、选择机制与扩散机制。

1. 创新机制

创新机制是多样性的生成机制，是社会经济演化的原动力。现代经济的最显著特征之一，是技术创新在经济增长中的作用越来越大。城镇创新的重要依据之一是优势资源，而产业集群改变了区域以资源型优势为比较优势的传统，实现了向以集群创新的创新优势为比较优势的转换，区域对产业资本的吸引力由区位优势转向产业集群竞争优势。产业集群所具有的创新优势如知识的溢出效应、集群技术学习、共享公共设施、专业化分工、信任机制、价值创造、资

源互补、创新氛围等成为推进城镇创新升级的温床。不过，产业集群与城镇化的互动同样具有明显的周期性：在产业集群与城镇化互动的初期，各个主体只能根据自身实力做出非需求导向的创新，具有明显的试探性特征；随着集群系统和城市系统互动程度的加深，它们会迅速行动进行创新技术与市场机会的匹配；在互动的后期，内嵌于各种技术、制度和社会文化结构中的大量抵制创新的惯性将发挥作用，创新行为被普遍的模仿行为所排斥，恶性竞争产生的"柠檬市场"降低了产业集群与城镇化互动的能级，从而导致同质产品的过度生产和市场饱和。

2. 选择机制

选择机制是多样性的减弱机制，它通过某种标准来选择适应性高的演化单元，淘汰适应性低的演化单元，是社会经济系统判断优劣的能力。选择机制包括市场选择机制、社会选择机制和政治选择机制。在市场选择方面，无论是资源优势还是集群优势，只有符合市场才能凸显出来，由于市场对资源的要求存在周期性，产业集群也有产生、发展、成熟和衰亡的过程，资源优势与集群优势的波动性、变化性，其存在或失去都需要市场来进行检验，不适应市场的就会被淘汰，适应市场的才会延续下去。在社会选择方面，格兰诺维特（1992）认为，经济行为是根植于社会网络及社会制度之中，这种网络、制度与社会结构以及社会文化紧密相关。社会文化包括区域内居民的风俗习惯和价值观念、劳动力的文化水平、心理素质，主流价值观念、社会风气和制度环境等内容，一个企业，必须嵌入当地的社会文化环境才能更好地发挥作用，促进区域更好地发展。反过来也就会形成社会文化的选择机制，一个企业不适应特定地区的社会文化，不可能"扎根"下来，必然会遭到淘汰。在政治选择方面，政府为了实现一定的经济和社会目标而对城镇的发展、产业的形成和发展进行一定的干预，例如，产业发展规划、城市发展规划的制定、实施，这就会形成政治在集群和城镇的形成、发展、演变过程中的强大作用，只不过，政府选择机制往往具有短期效果，其是否长期有效还依赖于是否符合市场需求。

3. 扩散机制

扩散过程是新知识、新技术通过特定的渠道在一段时间内被参与主体知道、接受和采用的过程，本质上是一种多层次的学习机制。产业集群的地理聚集，即产、学、官、研的集聚，它们之间存在着多元的、交互的、非线性的、强耦合的相互作用关系，在协同作用中结网，在结网中创新，并融入创新环境中而组成创新系统，即创新网络与创新环境有效叠加，如此形成区域创新系统，其动力来自于知识外溢的当地化特征。集群创新网络各行为主体，其信息传递、技术扩散、知识传播等都具有双向性的特征，节点上各行为主体间相互作用、相互影响、相互依存，在节点的连接链条上进行交流，资源共享，各行为主体在这种作用机制中创造新的知识，其间的信息交流、知识（技术）扩散、学习能力等成为集群创新网络发展和成功的关键。知识外溢的当地化特征与各行为主体间的资源共享，具有明显的路径依赖和报酬递增特征，是集群系统和城市系统之间形成知识外溢效应、正反馈效应和网络效应的主要动力。例如，在产业集群与城镇化的互动过程中，城镇本身由于拥有高校与科研机构等，积累了一定的知识，而这些知识会在产业集群与城镇化的互动过程中转化为企业知识，特别是其中的技术与技能知识，而当产业集群发展起来之后，会生产出技术含量更高的"先进产品"，再利用到城镇建设当中去，形成对城镇化的反馈效应。

三、产业集群升级与新型城镇化协同推进的外部动力机制

无论是产业集群还是城镇发展，都面临着外部的竞争压力，而这种压力在适当的情况下会演变成地区发展的强大动力。地区在面临外部竞争时，其自身的参与区域甚至全球分工的能力是关键，集群在获取外部的显性知识方面，受到包括现有知识的存量、知识交流能力、知识评估能力、知识吸收能力、知识扩散能力的影响，其实质是其自身与全球价值链或全球相关产业技术网络的对接能力，这不仅决定了产业集群的潜在水平，也决定了城镇的发展潜力，因此，产业集群升级与新型城镇化面对共同的外部环境，这种外部环境要求产业集群与城镇既要融入世界，又要充分发挥地区特色。这种产业集群升级与新型城镇化协同推进的外部动力机制主要有竞争机制与分工机制。

1. 竞争机制

在快速变动的经济全球化形势下，随着企业交易网络的日益复杂，产业与城镇面临的是快速变化的"全球世界"与产业趋利转移的"流动空间"，这就使区域的产业集群升级与新型城镇化面临着外界的激烈竞争。要在激烈的竞争中胜出，必将遵循"流动空间"下的新法则，与仅仅依赖于经济实力的竞争法则不同，新的城市竞争法则将取决于城镇功能、文化、空间、环境以及经济

的综合实力。因此，产业集群参与全球竞争离不开城镇的承载与支撑，而城镇参与全球竞争则离不开产业集群与世界经济体系接轨的方式和程度。为了提升城镇竞争力，城镇既需要提高快速反应能力来回应并支持全球化时代城镇发展形势的变迁，又需要通过培育高质量的产业集群来提升城镇可持续发展能力。同时，新的市场、新的技术、生产部门与组织创新所引发的跨界企业的空间聚集与投资区域定向化选择也迅速促进了区域产业空间，因此，城镇所在区域也常被理解为全球竞争中协调社会经济的重要空间单元和推动全球化的基本动力。竞争机制的"优胜劣汰"法则是推动产业集群升级与新型城镇化的强大动力，特别在全球化的背景下，日益竞争的世界与企业的快速反应使发展"机会窗"稍纵即逝，如果把握不准，将错过产业与城镇发展的最佳战略引导时机。

2. 分工机制

在 20 世纪 80 年代和 90 年代之间兴起的全球化，使市场、直接投资、供应商连接和战略联盟日益全球化，特别是近 10 年来，国际分工的范围和领域不断扩大，全球价值链分工是国际分工呈现的新特点。生产过程的片断化，生产的非地方化，垂直专业化分工，使国与国之间的比较优势不再是传统的最终产品优势，而是某一特定环节的优势。在经济全球化趋势和信息技术迅猛发展等外部力量的推动下，集群与城镇各行为主体的行为和发展模式也会发生变化，不可能有任何的封闭趋势而将连接范围"锁定"在内部，产业集群要在嵌入全球价值链与发挥区域特色中实现升级，城镇要在嵌入世界城市网络与实现区域资源集约利用中实现高质量发展，通俗地讲，产业集群与城镇只有参与全球化分工才能获得长足发展。当然，一个城镇要参与全球分工，具备某些"比较优势"是重要前提，因为全球价值链分工的产生就是因为各生产单位对资源的占有、分配和利用等情况的差别，造成了比较优势的差异。在参与全球分工的过程中，特定区域的产业集群与城镇是一个"命运共同体"，产业集群在全球价值链上的位置一定程度上决定了城镇的"地位"，而城镇的"品位"又在很大程度上决定了产业集群参与全球竞争的能力。

四、产业集群升级与新型城镇化协同推进的动力机制运行机理

产业集群升级与新型城镇化作为地区有机统一的发展过程，一方面，靠内

部动力机制的"拉力";另一方面,靠外部动力机制的"推力"。而内、外部动力机制也只有相互配合、协调行动,才有可能对地区的产业和城镇发展发挥最有效的推动作用,如果只注重一种动力的作用,不能建立各种动力的协调机制,这样的发展是不完善的。例如,如果只重视内部动力机制,迟早会因产业集群和城镇面临着众多内生发展障碍而失去可持续性发展的能力;相反,如果只重视外部动力机制,最终也有可能因忽视本地资源因素出现因过度超前而失去可持续发展的能力。因此,在动力机制问题上要有一种系统思维。产业集群升级与新型城镇化协同推进的动力机制的运行过程大致有动源开发、动力转化、动力培育、动力反馈四个主要环节。

1. 动源开发

在产业集群升级与新型城镇化协同推进的过程中,动力源开发主要源于三个方面:一是新型要素禀赋注入或取代已有的旧要素,例如,创新创业型人力资本、金融资本等;二是创新既包括技术创新,又包括管理创新、组织创新、互联网创新、商业模式创新等;三是政府和中介组织的作用,政府和协会能在基础设施等"硬设施"和健全市场体系等"软环境"方面发挥作用。正是通过动力源的开发,可以使产业集群与城镇化发展过程中的某一因子发生变化(如产业集群在全球价值链上的位置发生了变化),并相应地促推另一些因子随之变化(如城市对人力资本的吸纳能力发生了变化),从而产生类似多米诺骨牌一样的连锁效应,最后实现产业集群与城镇的整体跃升。

2. 动力转化

某一因子发生变化是社会发展的动源,是潜在状态的动力,动力转化环节的功能就是将潜在的动力转换为现实的动力。具体地讲,就是在动源因子发生变化时,要创造良好的"生态环境"使这一动源因子发挥最大功效。例如,当某地区产业集群在全球价值链上的位置发生变化时,要充分发挥这一变化的功效,主要包括两个方面:一是城镇建设要根据这一动源的变化为产业发展注入新内涵、新任务、新要求,并确定未来发展的新理念、新目标,形成与产业集群在全球价值链上的位置变化律动的战略指引;二是产业集群中相关企业的发展要积极跟进,因为产业集群一个重要的特征是专业化分工,集群内部的成员具有相似的文化背景和社会背景,地理位置接近,专业化分工必然带来合作,正如萨克森尼安(1996)针对硅谷指出:"这些圈内人士处在产业簇群的中心，接触着飘荡在空中的行业秘诀。"因此，当一个企业拥有新技术使产业集群在全球价值链上的位置发生变化时，其他企业的技术必须跟进，才能更好地发挥产业集群的整体跨越效应。

3. 动力培育

一个城镇或产业集群的发展动力需要通过培育来维持，如果说转化主要着眼于短期，那么培育主要着眼于长期。动力培育在不同的层面上是有所差别的。从宏观层面来看，主要通过科学研究和技术开发以及教育训练，促进科学技术进步，提高劳动者素质，加强生产过程管理，合理配置劳动力和生产要素，改革经济体制，为生产力发展开辟广阔的空间，为产业集群和城镇发展创造优良的"软环境"。从中观层面来看，主要是通过治理来增强集群和城镇的凝聚力，使集群成员和市民的行动目标与整体的目标达成一致，同时也使集群和城镇为满足其成员的利益提供最大的可能性。从微观的层面来看，社会发展动力的培育主要是使社会个体的素质得到提高，能力得到增强，从而夯实城镇与产业集群发展的基础。

4. 动力反馈

动源开发、动力转换、动力培育是否为城镇与产业集群的发展提供了适度的动力，这些动力是否推进了城镇与产业集群的良性运行和健康发展，动力主体将通过反馈环节获得这些信息。这种反馈主要通过两个方面的"竞争力"体现出来：一是城镇的竞争力。城镇竞争力是多种因素的函数，根据影响因素的不同，既有经济实力、产业竞争力、金融竞争力、科技竞争力，又有基础设施竞争力、国民素质竞争力、政府作用力等，这些影响因素以个体或组合的形式作用于城镇竞争力。动力是否发挥了良好的作用，通过城镇的竞争力就可以显现出来，当城镇竞争力不强时，就需要为动力运作过程输入新的信息，或调整动力方向，或调整动力强度，或调整诸种动力的结合方式，以最大限度地实现城镇发展的总体目标。二是集群产品的市场竞争力。刘勇（2003）认为，一个区域参与全国乃至世界市场的分工与竞争的能力，可用该区域输出产品占全国或世界输出产品总量的比重，以及吸引要素资源占全国或世界要素输出总量的比重来表示，它也是区域内所有企业的区外市场竞争力的总和。动力是否发挥了良好的作用，通过产业集群产品的竞争力也可以体现出来，当集群产品缺乏竞争力、不能适销对路时，也需要为动力运作过程输入新的信息。

第三节　产业集群升级与新型城镇化协同推进的协调机制

一、产业集群升级与新型城镇化协同推进的协调机制构成

在产业集群升级与新型城镇化协同推进过程中，通过规划人口、空间、资源和环境以达到结构、功能、质量、速度等各方面的协调，实现城镇化和产业发展在区域经济社会发展中的良性循环，达到整体效应的最大化，其中，协调的主要内容包括结构匹配、功能融合与发展速度的协调。

1. 结构匹配

结构性协调是系统有效运行所要求的最基本的协调性。通过对系统内部各组成要素进行结构性分析，以揭示系统结构的合理性和系统的整体运行状态。从产业集群升级与新型城镇化协调系统来看，结构性协调在广义上应包括产业集群升级子系统内部结构的协调状态、新型城镇化子系统内部结构的协调状态、产业集群升级与新型城镇化两个子系统之间结构的协调状态。本书研究的结构性协调重点为产业集群升级与新型城镇化两个子系统之间结构的协调，通过对两子系统间协调状况的考察来反思子系统内部各自的结构性协调。

2. 功能融合

功能性协调是指通过对子系统功能的优化组合来达到整体功效最优。这要求组成产业集群升级与新型城镇化协调发展系统的两个子系统有机配合，产生良性互动、协调融合的合力，从而取得比单独致力于产业集群升级或新型城镇化更高的社会经济发展绩效，即 1+1 >2 的效果。

3. 发展速度的协调

产业集群升级与新型城镇化具有时期性和阶段性特点，为保证系统整体目标的实现，应在不同的发展阶段实现特定阶段的目标。从系统发展的时序性来

看，产业集群升级与新型城镇化在具体发展阶段相互匹配；从系统发展的横断面来看，就是在某一特定时期内，产业集群升级与新型城镇化的发展目标、发展方式保持一致性。同时，协调发展系统要求产业集群升级与新型城镇化在发展速度上保持均衡，即要求两者发展速度的比值能够维持在合理的区间、城镇化产业结构弹性值保持在一个合理的区间内。此外，随着影响协调因素的变化，实现的协调发展状态潜藏着不稳定性，这需要系统做出相应的动态监测和调控。

二、产业集群升级与新型城镇化协同推进的结构匹配机制

尽管产业集群升级能够推动城镇化的发展，但从集群发展的初始动因来看，其目的并不在于提升当地的城镇化水平，只是在其发展起来后，城镇被倒逼发展以适应产业集群升级的需要，成为适宜产业集群发展的"地域产业承载系统"（见图 3-1）。"地域产业承载系统"概念源于"承载力"概念，一定地域在一定时期内，存在所能承受的产业种群、规模、强度和速度的限值，这就是这一地域在一定时期内的产业承载力，而所谓地域产业承载系统，则是一定时期、一定空间区域内由硬件资源和软件资源的诸多要素构成的反映其产业承载力的综合系统，是这一地域产业发展赖以支撑的经济、社会、资源、环境等组成的巨系统。地域产业承载系统包括自然资源、生态环境、社会经济等若

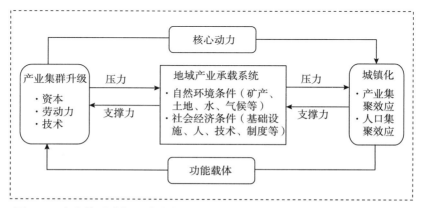

图 3-1　产业集群升级、地域产业承载能力与新型城镇化结构匹配基本原理

干子系统，既反映了地域自然条件，又反映了人为因素。对于自然条件而言，矿产、土地、水、气候等自然资源禀赋在短期内是不可调控的，而对于人为因素而言，基础设施、技术、劳动力规模、制度等人工资源禀赋在短期内是可以调控的，通过调控经济社会子系统，可以有效地改变地域产业承载系统的产业承载能力，实现地域产业承载系统的产业承载能力的动态化。

地域产业承载系统是产业成长的空间载体，不同的产业集群要求有不同的产业承载系统相适应，同时，产业集群发展的不同阶段也要求有不同的产业承载系统相适应。当某一区域产业承载系统不能满足某一产业集群的发展要求时，或另一区域产业承载系统能更好地满足这一产业集群的发展需要时，产业就可能在这两个区域间转移而进行区位再调整，产业转移借此发生。因此，产业转移既是"产业转出地"产业承载系统"失配"所致，又是承接地产业承载系统"适配"的结果。城镇化作为产业聚集与人口聚居有机结合的过程，在很大程度上就是承接地产业承载系统动态适应产业转移人流、物流聚集升级的结果。图3-1显示了产业集群升级、地域产业承载能力与新型城镇化的这种互动关系：产业集群需要求有"适配"的产业承载系统，产业集群的不断升级要求有不断升级的产业承载系统进行"适配"，而这种不断升级的产业承载系统本身就是基础设施、经济社会制度的不断完善与劳动力规模不断扩张的过程，在这一过程中地域要求产业与人口的空间规模集聚，因而要求有相应城镇化进程予以对应；同时，城镇化的产业与人口的空间规模集聚意味着区域聚集效应不断提升，并最终反映在地域产业承载能力的不断增强上，进而能够更好地支持本地产业集群升级。

三、产业集群升级与新型城镇化协同推进的功能融合机制

产业是城镇发展的基础，产业发展是以城镇资源禀赋与比较优势积淀为基础的演变与升级，是促进城镇发展的重要因素与动力源；同时，城镇是产业发展的载体，城镇在一定的经济水平下提供的各种物质产品与服务不仅是产业发展的物质与文化保障，也是城镇与产业自我发展的动力保障。只是这种功能上的融合要求，在产业集群升级与新型城镇化协同推进过程中，必须坚持产城融合发展思路，将城镇的产业功能、城市功能、生态功能融为一体，协同推进，

从而实现工业化与城镇化的良性互动，实现两者功能上的融合叠加。产城融合发展理念具有重要意义和作用，一是有助于实现城镇土地集约化，扩大产业空间加速产业聚集；二是有利于增加就业人口，规避盲目城镇化带来的空城现象；三是有利于构建城镇产业生态体系，增强产业自我更新能力；四是有利于城镇化有序推进，促进城镇一体化建设。

不过，在中国产业园区建设的过程中，较长时期的思路是在对城镇进行功能分区的基础上形成的，园区往往被认为仅仅是执行城镇产业职能的空间形态，结果导致园区产业布局和城镇功能的相对隔离，还导致许多园区常常是"白天车水马龙、晚上冷冷清清"，产城分离的危害在于不仅造成资源、能源的极大浪费，加剧了环境污染和城市道路交通拥堵，而且降低了广大上班族的生活质量。要改变这种局面，就要坚持以人的需求为导向，以人的智慧为动力，促进园区产业与新型城镇化建设的协同发展，实现"产业集聚、用地集约、人口集居、功能集成"的园区空间重构与拓展方案，推动产业园区的功能升级。以创造理想的创业就业环境与人性化高品质的城镇空间为目的，对外充分考虑人口迁移的特点，对内着力打造优越的人居环境，给务工人员以平等的市民待遇，从制度上扫除人口移居的障碍，着力提高公共服务水平，形成工作、学习、生活三位一体的产业园区。

要实现产业集群升级与新型城镇化功能融合的目标，需要实现"大规划"与"大融合"。"大规划"是指园区总体规划、土地利用总体规划、产业发展规划要"三规合一"。作为园区空间一个重要组成部分，产业集聚区的空间发展对园区的功能结构、用地布局等各方面都会产生很大的影响。从产城融合角度来讲，产业集聚区的发展不能与园区总体规划、土地利用总体规划相背离，三个规划要实现精准对接。"大融合"是指生产区、生活区（居住区）、社会公共服务区要"三区融合"。统筹安排园区产业集聚区内部功能，充分考虑生产、区域交通、环境、生活等各方面的因素，进行合理的空间结构安排。园区的产业功能、城市功能、生态功能融为一体。产业是园区发展的支柱和动力源泉，园区是产业发展的载体和依托，生态是城市发展的特色，只有将产业功能、城市功能、生态功能融为一体，才能真正实现产业园区发展的产城融合。

四、产业集群升级与新型城镇化协同推进的协调发展机制

产业与城镇化之间要有对应的匹配协调度，不能一快一慢，导致产城脱节。从发展实践来看，一些地方在制定规划蓝图时，忽略了很多产业与城镇化发展协调的内在需要，要么在规划产业园区时，偏重于"单一的生产型经济园区"，忽略城镇的依托；要么在规划城镇时，偏重于"土地的城镇化"，忽略必要的产业与人口的支撑从而陷入"产城脱节"的误区。事实上，工业化、产业化过快发展，超前于城镇化发展进程，会出现城镇基础设施配套缺乏、劳动力短缺、住房紧张、交通拥挤、资源短缺和环境污染等问题，约束产业持续化、高端化发展，产业没有城镇依托，即便再高端，也只能"空转"。反之，如果城镇化进程过快，缺乏支撑城镇运营的优势产业，则会出现产业空心化、就业不足、收入水平低下和经济低迷等问题，城镇没有产业支撑，即便再漂亮，也是"空城"。

因此，在产业集群升级与新型城镇化协同推进的过程中，一定要注意产业和城镇发展所处的阶段性特点，以避免土地城镇化与人口城镇化、产业城镇化相脱节的效率损失。只是，在这一过程中，并不意味着产业集群升级与新型城镇化要完全同步，从成功的案例来看，某一方"适度超前"是可行并且有利的，这就存在两种情形：一是产业集群升级适度超前发展路径，是以产业集聚区为载体，把产业集聚区作为城镇优先开发区域，加快配套基础设施建设，实现企业集聚、项目集中、土地集约，促进城镇化与产业集聚的协调发展；二是新型城镇化适度超前发展路径，是通过合理规划，科学考虑产业和人口聚集能力，建设"工业园区""开发区""城市新区"等，从而为产业集群发展提供高质量的承载空间。一般情况下，由产业集群升级带动的城镇化往往意味着经济聚集与要素流动之间存在良性循环积累因果效应，而新型城镇化适度超前则有可能使社会发展面临巨大风险，原因在于，其中的"适度"很难把握，例如，在中国快速城镇化过程中，许多地方实施土地城镇化"先行"策略，政府先大规模投资建设各类经济开发区或新城区，用以吸纳产业与聚集人口，以求实现快速的城镇化，但在竞争性承接产业转移与城镇化快速推进的过程中，一些地区土地浪费惊人，"空城""睡城""死城"等现象频现，说明相比于

产业发展，这些地区的城镇化已经不是适度超前而是过度超前，最终导致区域经济社会发展高风险运行。

五、产业集群升级与新型城镇化协同推进的协调机制运行机理

产业集群升级与新型城镇化协同推进需要保持两者的相对同步性，不宜在哪一方面过度超前，但一些地方政府容易割裂两者的协调发展关系或一味推进土地城镇化，忽视城市的资源吸聚和产业吸纳能力或片面发展产业，导致产业集群低端化。结果新型城镇化与产业集群发展失衡，引发一系列发展问题，如果政府不能及时平衡两者协同发展的关系，进行科学规划，最后可能导致城镇系统崩溃。总体来看，产业集群升级与新型城镇化协同推进的协调机制的运行过程大致有合理规划、反馈预警与动态调整三个主要环节。

1. 合理规划

坚持"建园"与"造城"一起规划、经济建设与生态建设一起推进、产业竞争力与环境竞争力一起提升的理念，倾力实现"产城融合"的园区空间重构与拓展方案。以完善园区综合功能为切入点，加强对适合产城融合的产业遴选和规划，将产业园区置于整个区域背景当中，使其从"产业孤岛"逐步转型为城镇建设工作的一部分，实现"产业集群发展，项目集中布局，资源节约利用，功能集合构建"。园区的发展规划既要做到园区发展在产业定位、空间布局上科学性、系统性和统一性，又要注重与城市总体规划、基础设施规划、土地利用规划的统一。最后，在对园区、企业、产业，乃至整个地区发展需求予以充分考量的基础上，对办公区、生活区、生产区和商业区等各项区域的空间位置进行合理布局和规划，在适度混合的功能、节约土地资源的同时，提高员工工作效率，实现员工、企业、产业的协调发展，进而推动城镇化建设进程。

2. 反馈预警

对产业集群升级与新型城镇化的协同推进程度实施即时监控，通过人口密度、投资强度等指标，形成产城融合度的反馈机制。建立产城分离预警机制，当产业集群升级与新型城镇化脱节到一定程度、已经超出"适度超前"的范围时，应启动产城分离预警机制进行纠偏。

3. 动态调整

当出现产城分离预警时，地方政府应不断做出适应性调整。一是对已经建成的园区，应努力促进其向产业社区发展，减少产业功能对周边的影响，设定不低于居住区的环境和交通影响标准，鼓励高附加值、高就业、低污染、低能耗、低交通影响的制造业企业与城镇融合发展。提高产业园区公共服务设施比例，形成第二、第三产业融合发展、配套功能完善、环境景观宜人的产业社区。二是对新建的园区和新城区，要提高建设的标准，形成人口与产业的良性互动。利用新城的区位优势，创造生态宜居的城市环境；提高公共服务设施的服务能级，引进市级教育、文化、体育设施的优质资源；从根本上改善对外交通条件，增强中心城区人口迁居意愿，吸引各地高素质人才集聚，形成产业和人口的良性循环。

第四节　产业集群升级与新型城镇化协同推进的耦合发展机制

一、产业集群升级与新型城镇化协同推进的耦合发展过程

耦合（Coupling）概念的内涵有多种不同的界定和理解。在物理学中，相干性是指一种耦合关系，耦合各方经过物质、能量、信息的交换而彼此约束和选择、协同和放大。约束和选择意味着耦合各方原有自由度的减少乃至部分属性的丧失；协同和放大意味着耦合各方在一种新的模式下协调一致地活动，其原有属性可以被拓宽放大。它们交错重叠在一起，共同导致属性不可分割的整体的形成。从耦合的内涵可以得出两个条件：一是耦合的基本前提是耦合各方必须存在某种关联；二是耦合的结果是耦合各方的属性会发生变化（即原有的属性会被缩小和放大）。

在我们的研究中，耦合发展指产业集群与城镇在生产要素、产业结构、空间布局及制度环境等相互耦合的基础上，通过产品（物流）、资金、信

息、技术、人才、知识、特权、情感、信任等耦合链条紧密联系在一起并且不断发展的过程。根据推拉理论，可以将产业集群升级与新型城镇化耦合发展分为四个阶段：萌芽起步阶段、产业关联阶段、协同互动阶段和分化整合阶段。根据图 3-2 可知，产业集群升级与新型城镇化的耦合发展存在较为明显的"波浪式"上升递演关系，这也符合产业集群升级与新型城镇化耦合发展的复杂适应性特征。

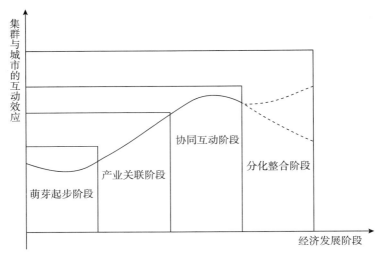

图 3-2 产业集群升级与新型城镇化的耦合发展阶段

二、产业集群升级与新型城镇化耦合发展的萌芽起步阶段

在产业集群升级与新型城镇化耦合发展的萌芽起步阶段，往往是单个项目、单个企业的技术突破，嵌入性与不稳定性是这些企业（项目）的共同特点，由于外部环境的高度不确定性以及相关企业（项目）刚刚进入新的技术领域，导致相关企业（项目）不敢贸然带动其他企业参与市场竞争和合作交流，而是选择有限的、固定的合作伙伴开展合作。在此阶段，一个或多个围绕新技术的集群单元（简称集群元）已经初步形成，关联企业开始围绕新的集群单元进行聚集，但聚集的速度（单位时间内聚集的企业数目）较慢，集群

内围绕新技术的企业网络关系基本上比较松散，信任基础不稳固。在这种情况下，产业集群升级一般不会对新型城镇化产生实质性的影响，虽然会促发两者多局部、小范围的协同演化，但由于创新的复杂性和高风险性，两个系统中的微观主体的互动行为也会相当谨慎，它们主要采取非需求导向的试探性合作，例如，改进产品或服务的质量、品种、款式等。

在这一阶段，政府选择机制将起到主导作用，政府的发展规划和政策扶持十分重要，可称为产业集群升级对地方政策优惠敏感期。因为，一个地区真正形成更强大的竞争力，并不一定是高新技术产业或传统产业，而是较为成熟的产业集群，尽管产业集群升级的成功可使地方拥有更强大的竞争力，但在萌芽期，由于只有单个企业（项目）取得突破，并不意味着就一定能够在新的技术层面上形成成熟的产业集群。诚然，一项新技术是否能够最终实现对产业集群的升级作用，需要包括企业、大学和科研机构、中介服务组织、政府及公共部门、金融机构等主体在内的共同努力，使这一新技术能够在产业集群中发生链群反应，实现集群的功能及功能结构升级。相对而言，在产业集群升级初期，政府往往是集群创新网络的促进器、动态比较优势的催化剂和公共机构的建立者，在集群观念的培育和关系网络的建设等方面起着不可替代的作用。政府在集群升级初期的作用集中体现在整合资源、对新技术的推广和产品开发进行支持。集群内部存在多种市场，例如，专业产品市场、中间产品与原材料市场、技术设备市场、运输与物流市场、信息市场、资金市场、专业人才与劳工市场，市场能否正常运行是影响集群升级的关键，政府要在市场体系的建设和维护中发挥重要作用。正如 Etikowitz 和 Leydesdorff（1996）的大学、企业、政府三位一体三重螺旋模式所认为，政府的职能是发挥创新主体的自主性，促进区域内大学与产业的联系，间接参与创新活动，例如，改善交通、通信等基础设施来营造企业创新的硬环境；营造一种适合创新主体发展氛围的软环境，包括正确引导社会走向投资机制以及良好的融资环境和健全的法律法规。

综上，在产业集群升级与新型城镇化耦合发展的萌芽起步阶段，由于存在一定的市场失灵，所以在面临新的技术时，政府有必要成为产业集群升级的发起者、推动者、协调者和管理者，从而为产业集群升级提供适应性升级的"地域产业承载系统"，而这恰恰是以城镇化升级的方式体现出来的，也是新型城镇化的基本原因之一。

三、产业集群升级与新型城镇化耦合发展的产业关联阶段

随着新技术逐渐被集群接纳并推广，技术关键企业或创新主导厂商会成为新的“焦点企业”或龙头，其技术创新会带动一批企业进行跟随升级，甚至有部分母体公司内的科技人员和企业家分离出来自办公司或通过产业环节的分解，衍生一批具有紧密分工与协作关系的关联企业。通过技术扩散和知识外溢以及价值链对接与竞争合作等机制，集群企业之间围绕新技术又通过分工与协作更好地发挥着协同效应与信息共享效应，并在更高层次上形成集群发展的社会化基础，构建出新的更先进集群创新网络，产业集群升级进入加速阶段。同时，产业集群升级与新型城镇化两个系统微观主体的互动对象、互动范围开始扩大，原来依靠老关系合作的形态开始演变为在不同层级、不同范围、不同参与者之间的互动，两个系统的微观主体的互动行为逐渐演变成产业关联行为，对环境的影响越来越大，包括产业环境、制度环境、技术环境在内的环境变量与各类主体形成的正反馈效应会越来越明显。

与此同时，产业集群对自然资源（特别是土地与水资源）、生态环境、基础设施等“硬件”方面的条件会提出比较高的要求，并对区域的技术、制度环境等“软件”方面的要求也会越来越高。由此而来的结果是，政府的政策已经开始由新技术推广转向着重以改善产业集群与城镇化的互动环境为己任，随着围绕新技术的本地产业关联程度加深，产业集群升级与新型城镇化的互动层级也从微观向中观跃迁。随着城镇化的深入，市场需求连年增长，新兴产业（产品）越来越壮大，集聚范围也越来越扩大，打破了第一阶段的自我维持状态，当地产业之间的互动和合作程度加深，市场竞争也进一步增强，市场选择机制与政府选择机制一道发挥重要作用，早期政府选择机制是否有效，这一阶段会逐渐显现出来，那些不是以新技术或新产品的市场竞争能力为考量，而是单纯依靠“拼土地、拼资源、拼生态”打造的企业集聚“园区”，部分可能会未兴先衰或短兴即衰，失去进一步升级的动能而变成城镇化持续发展的障碍而不是动力。

四、产业集群升级与新型城镇化耦合发展的协同互动阶段

随着新技术条件下产业集群与城镇相互依存、相互影响关系的增强，两者的互动重新进入协同互动阶段。集群子系统与城市子系统的相互依赖、相互促进、协同互动的作用更加明显，集群和城市互动层级开始突破本地约束向外扩张，随着系统间互动频率的升高，两个系统的微观主体、产业结构对环境的适应性逐渐增强，并形成联系密切、交互频繁的网络结构，集群中的龙头企业开始凭借其技术创新和新知识的积累，在系统及周边地区形成一个由自己主导的新协作网络，而很多以单个企业为主导的协作网络不断相互交织、相互融合，经由供应商、竞争者、大学、研究机构、投资者以及政府部门的合作，逐渐形成连接两个系统的区域创新网络体系。在升级后的产业集群区域内，众多的中小企业不仅能共享公共资源，实现资源互补，更重要的是还可以通过正式的合同关系或非正式的信息交流，彼此之间结成长期、稳定、互惠互利的关系，最终形成相互依赖、共同发展的创新网络，并表现出竞争协同的特点。竞争使企业个体始终保持足够的动力和高度的警觉和灵敏性，合作又可以实现资源共享、优势互补和风险共担，克服单个企业创新资源不足的缺陷，从而在新的技术起点上推升整个集群的技术水平。

到这一阶段，升级后的产业集群已经与本地市场紧密地联系在一起。当然，这里讲的本地市场是指本地区的市场，它可以是一个省（或者地区）的市场，也可以是本国市场。也正因为如此，市场选择机制开始替代政府选择机制发挥主导作用，通过市场的作用，产业集群实现了技术结构、产业结构、出口商品结构的调整和升级，并逐渐形成了对外部市场的竞争力。当然，产业集群升级本身就是城镇化升级过程，产业集群升级带动了新的基础设施建设和资源的聚集，为城市发展提供了更多的财力、人力（劳动力就业与人口聚集、素质的提高）并带动第三产业发展和市场繁荣。同时，升级的城镇化也推动了产业集群的发展，增强了区域经济的规模效益，提升了区域国际竞争力。

五、产业集群升级与新型城镇化耦合发展的分化整合阶段

进入产业集群升级的后期，市场进入者大量涌入系统，市场竞争日益激烈，当微观主体与产业、环境高频互动时，产业集群与城镇化的互动也就进入了分化整合阶段。在此阶段，由于产品、产业、技术的同质化竞争，产业集群与城镇化的互动层级开始出现分化。与"规模效应"相比，产业集聚的"拥挤效应"开始在区域范围内发挥主导作用，由于创新的惰性、企业家网络的封闭性和企业家的区位选择等原因，产业集群面临着锁定的风险。就创新网络而言，创新网络进入其生命周期衰退的阶段，其基本的特征是：集群创新网络可能出现两种结果，一是某些能够代表产业演进方向，反映产业技术发展趋势，具有网络竞争优势的新集群单元取代原有集群单元，实现新老集群单元的适时更替，创新网络将围绕新的集群单元更新，使集群在新的起点上得到持续发展；二是不能及时实现新老集群单元的更替或新集群单元不能代表产业的演进方向，随着时间的推移，集群单元逐渐失去聚集功能，创新网络逐渐失去创新功能，集群将会因此走向衰落。

分化的结果是，升级后能够反映产业技术发展趋势的创新型产业集群会继续推动城镇化的发展，并且会进一步实现产业集群与城镇化互动层级的外延式跃迁，促进产业集群和城镇两个系统的各个主体在更为广阔的需求、交易、创新空间内互动合作，将两者的互动层级推向具有更高适应性的和更加复杂的国际化阶段。而那些升级后不能代表产业演进方向的产业集群，可能会出现内嵌于技术、制度、环境中抵制创新的惯性导致创新行为被模仿行为所排斥而进入"创新停滞陷阱"，此时需要加强政治选择机制将创新的外部收益转化为创新者的内部收益，从而推动新一轮技术创新，使高附加值、高科技含量的生产环节在城市空间内重新落地，并与城市系统内的高端服务业尤其是生产型服务业形成良性互动，最终推动产业集群升级与新型城镇化在新的层次上"协同共振"。

六、产业集群升级与新型城镇化耦合发展机制的运行机理

产业集群升级与新型城镇化耦合发展的结果是"产城融合"。因为产业发

展既可以带动城镇经济实力的增强，又可以提升城镇生活水平，进而吸引更多的要素资源进入城镇推动城镇规模的扩大；城镇水平反过来也影响产业结构的升级，产业布局的合理与产业组织的规模效应，推动产业集群进一步升级。同时，产业集群升级与新型城镇化的耦合发展也会直接影响地区科学技术的进步、公共服务等联动因素的变化。因此，产业集群升级与新型城镇化耦合发展有着很强的社会发展正向效应，是有效避免产业"空心化"和城镇"孤岛化"的重要举措。总体来看，产业集群升级与新型城镇化耦合发展机制的运行大致有循序渐进、补齐"短板"与同生共长三个基本要求。

1. 循序渐进

产业集群升级与新型城镇化的过程，是一个不断演化发展的过程，习近平总书记强调："发展产业是一个过程，不能以安排就业为名盲目上大工业项目，城市吸纳就业能力也是有弹性的。饭要一口一口吃，路要一步一步走。"因此，产业集群升级与新型城镇化耦合发展同样是循序渐进的，是一个动态演进的过程。产城融合是目标和趋势，这个目标不是通过政策的短期行为就能实现的，而是需要一个长期的前瞻性的规划和定位来逐步实现，其核心在于准确定位符合区域持续发展的产业、城镇规划及城镇功能配套，加强城镇功能规划（住宅、商业、道路、市政等城市规划）与产业发展定位，实现"规划与定位同步原则"，避免盲目地兴城导致城镇空心化或因为产业定位不准确，产业优势难以发展。

2. 补齐"短板"

产城融合要求产业集群发展与城镇建设在时间上要同步进行、协调配合。一方面，围绕产业集群发展需求优化城镇功能，确保城镇化有产业带动；另一方面，产业集群发展有城镇支撑，有效防范产业发展"超前城镇化"或"滞后城镇化"现象，确保"两化"在时间上同步发展，避免出现生产、生活的错位发展。但在产业集群升级与新型城镇化耦合发展的实际操作过程中，可能会因为某些原因导致出现"短板"，需要补"短"。例如，在中国传统的工业园区建设过程中，一些园区就只有产业集聚区，而没有同步推进人口集聚区、综合服务区与生态保护区等的建设，导致城镇功能出现了"短板"，这就需要在通过对城镇进行合理功能分区的基础上，补强城镇功能滞后的"短板"。

3. 同生共长

产业集群与城镇化的同生共长要求"以产兴城、以城促产",促进城镇发展良性循环。要瞄准高端产业和产业高端,优化产业结构,促进产业集聚升级,加快产业园区从单一的生产型园区经济向综合型城市经济转型。同时,探索新型城镇化的新路径,使城镇网络的主体骨架与主要产业的空间分布相互匹配、相互呼应,从而提升城市运营管理的承载力,让高效有序的城市运转为产业发展创造需求。

第五节 全球分工下产业集群升级与新型城镇化协同推进的新要求

一、全球分工的变化与主要特点

传统国际分工格局的基本特征是美国、西欧、日本等发达国家用制造品换取第三世界国家的原材料或初级加工产品,这种格局会随着20世纪80年代经济全球化、信息化与网络化的加速以及生产标准化的推进和经济全球化浪潮的兴起而发生了重大改变。新国际分工是指跨国公司在全球范围内合理配置资源,寻找满意的生产地,尤其是将一些常规的、技术含量低的生产过程转移到欠发达国家,使产品内分工取代产业间分工和产业内分工成为主要的分工形式。产品内分工使得发达国家跨国公司利用全球分工网络,逐步将自己不具有比较优势的制造、加工、组装等生产工序或价值链低端环节等非核心业务外包到世界各国进行专业化生产,自己专注于价值链高端的创意设计、产品研发、品牌运营及管理等核心环节,这种通过专业化分工在全球配置资源的生产网络称为全球价值链(Global Value Chain,GVC)。

新的全球分工具有四个特点:

(1)全球分工由"贸易"转向"生产"。传统极少数工业化国家从事工业生产,其他绝大多数欠发达国家则为前者提供原材料,并主要从事农业生产的国际分工格局正在被打破，跨国公司将一批批劳动密集型的生产线，开始从工业国家向欠发达国家转移，欠发达国家由此涌现出越来越多与世界经济体系相关联的生产部门。

（2）产品内分工成为主流。随着跨国公司全球价值网络的细密化，实现了以工序、区段为对象的分工体系——产品内分工对福特制、丰田制分工模式的替代，不仅为发达国家对全球资源进行整合提供了方便，还为发展中国家融入国际分工提供了新的契机，从而开辟了全球生产率提升和经济增长的新源泉。

（3）跨国公司成为主导。新国际分工的直接动力是对外直接投资和跨国生产，随着传统国际分工部分被跨国公司内部国际分工所替代，世界市场机制就被跨国公司的层级管理制所替代。正是在这个意义上，跨国公司改变了传统国际分工的性质，使当代国际分工出现了转型：在由盲目的市场机制协调的国际分工中，出现了由跨国公司内部有意识地、有计划地予以协调的企业内部国际分工。

（4）国际分工的性质从"剥削"转向"经济互补"。国际分工同样为发展中国家带来了机会，发展中国家可以利用国外要素弥补自己的不足，通过国内外要素的组合实现经济、社会的更高效率。不过，尽管新的国际分工与旧的国际分工相比，减少了传统剥削，增加了经济互补作用，但这是以扭曲发展中国家的市场功能为代价的。

二、全球分工对产业集群升级与新型城镇化的影响

新全球分工的深刻变化，意味着发展中国家的发展只有融入全球化浪潮一条道路。发展中国家的工业化和城市化不再是孤立和封闭的过程，而是加入全球价值链和全球城市网络的过程，因此，发展中国家的产业集群升级与新型城镇化必然受到全球分工的深刻影响。

1. 对产业集群升级的影响

李丹（2016）指出，在全球价值链分工模式下，分工的节点由产品转变为要素，全球分工体系也演变为生产要素的合作体系，地区之间按照不同的要素特点进行整合与集聚。但这种基于要素的分工使全球价值链中各个连续的价

值环节被片断化分散布局于全球各地，形成产品生产过程的全球范围内"空间分割"。使国际劳动分工两极分化：一方面，使处在分工较低环节的资产专用性弱化为通用性，劳动横向差别减少，导致其分工环节"进入壁垒"很低，成为广大发展中国家参与国际分工的主要通道；另一方面，使处在分工较高环节的专用性资产的专用性更加强化，劳动差别扩大，并日益凸显分工中专业化知识的重要性，导致其分工环节的"进入壁垒"很高（刘友金等，2018）。其结果是，发展中国家通过参与全球生产要素的深度整合，特别是推进高级生产要素的向内集聚以培育国际竞争新优势变得困难重重。

美国前总统经济顾问、著名经济学家莱斯特·瑟罗（1992）从相对微观的角度指出，新的全球分工已经促成了一种"哑铃经济"（Barbell Economy），即在全球竞争中，最有效的企业组织形式出现了两极化的趋势，一种是全球性的跨国公司，另一种是缝隙企业（Niche Plager）。跨国公司通过跨国并购，进一步加大了对世界经济的支配作用；而规模很小的缝隙企业则在多样化、个性化的市场驱动下，凭借网络技术、专业分工和产业集群的优势，表现出强劲的竞争力。一般情况下，发展中国家很少拥有全球性的跨国公司，其产业集群往往由缝隙企业组成，其对全球市场的支配力相对较弱。

总的来说，在全球价值链分工条件下，由于高级生产要素集聚困难以及全球性跨国公司的缺乏等原因，中国产业集群升级面临着诸多难题，特别是一些传统产业集群升级更是处境艰难。它们必须积极加强外部联系，积极回应全球产业网络的变化，改变自身在价值链中的嵌入位置和组织方式，改变价值活动之间的关系，从而改变效率和成本，才能更好地实现产业集群升级。

2. 对新型城镇化的影响

著名经济学家弗里德曼（1986）认为，判断一个城市功能的高低主要看两点：一是这个城市与世界经济体系相结合的形式与地位，二是这个城市对资本的空间支配能力。可见，各个城镇在世界经济网络中的节点地位，与其规模及生产综合化程度等传统因素必然相关，这种发展机理给各个城镇的发展前景带来了更大的开放度和不确定性。

决定各个城镇在世界经济网络中节点地位的有两个方面的重要因素不可忽视：一是以跨国公司总部及其分支机构来支配的全球城市网络，只不过，Godfrey 和 Zhou（1999）认为，仅仅采用跨国公司总部来分析全球城市的等级，会高估发达国家大城市和大公司的重要性，低估较低层次的地区性关联、发展中国家交易中心、边缘经济体的城市的重要性，从而造成片面强调核心经济体的力量。二是以先进生产者服务业企业体现的城市功能，考虑到城镇是先进生产者服务业的主要集聚地，重视先进生产者服务业企业的作用可以弥补全球价值链理论对生产者服务业与链条空间性研究的不足，因为正是生产者服务部门可以将城市黏合为全球网络。

全球价值链分工模式正将全世界各大枢纽与节点连接在一起构成横向网络。在这种背景下，单个城镇的竞争力将日益取决于价值链上的各个参与方、企业及其内部各部门、供应商和客户之间的沟通、合作的效率和质量，取决于单个城镇在全球城市网络中所处的地位和核心优势。意味着中国的新型城镇化，也必须站在全球城市网络的高度，充分考虑跨国公司与先进生产者服务业企业在城镇发展中的重要作用。新型城镇化不能仅仅局限于城镇发展本身，而是要具备"世界眼光"，着眼于全球竞合关系，这就对中国的新型城镇化提出了更高的要求。

三、全球分工下产业集群升级与新型城镇化协同推进的难点与出路

全球分工下产业集群升级与新型城镇化协同推进面临诸多困难，既有外部原因，例如，国际视野的定位问题、与其他城镇的竞争问题等，又有内部原因，例如，自身的发展问题、产业集群升级与新型城镇化的同步问题等。但总的来看，在外部原因方面，最大的问题是核心技术获取困难导致产业集群难以升级与新型城镇化难以实现，在内部原因方面，是产业集群升级滞后于空间城镇化而又快于人口城镇化。

1. 核心技术获取困难

全球产业分工格局既是一种现存状态，又是一个持续调整过程。总的来看，留给后发国家的"追赶窗口"是很有限的。虽然后发国家都有强烈的发展意愿，也有一定的"后发优势"，但历史经验表明，真正要实现"后发赶超"很是困难，而且随着技术进步越来越困难：一方面，历史上真正能够完成追赶过程并进入良性增长轨道的国家并不多，根据世界银行报告，在 1960 年已属于中等收入的 101 个经济体中，到 2008 年仍只有 13 个跨入高收入阶

段，其余仍未能实现赶超；另一方面，在新国际分工背景下，发展中国家在技术上有被低端锁定的风险。因为发展中国家往往是从价值链低端嵌入走"跟随追赶"道路，正是这种"跟随追赶"方式，使发展中国家很难获取核心技术。

事实上，在西方的大多数相关文献中，发展中国家是不会陷入核心技术获取困局的。因为，无论是新古典的外生技术进步理论、阿罗"干中学"内生技术进步模型，还是熊彼特的创新分析框架，都相信发展中国家与发达国家之间技术收敛是经济收敛的前提。虽然这些理论对技术收敛原因的解释存在差异，但都倾向于认可发展中国家企业参与国际分工的关键性作用，其驱动力则可归结于发展中国家企业提高产品附加值和国际竞争力的利益要求。特别是20 世纪 90 年代以来，以产品内分工形态为主的全球价值链分工与贸易体系的形成，这一特征就更加明显了。我们可以用 1992 年中国台湾宏碁公司董事长施振荣提出的"微笑曲线"予以说明，如图 3-3 所示的"微笑曲线"表明，在全球分工的产业价值链上，产品的技术含量与企业获得的附加值存在正相关关系：生产环节（模块零部件生产、产品组装）位于产业链附加值曲线的最底端，技术含量低，利润相对薄弱；上游的技术环节（产品研发、核心零部件生产）与下游的营销环节（物流配送、销售、品牌服务）则处于价值链的高端，技术含量高，利润相对丰厚。

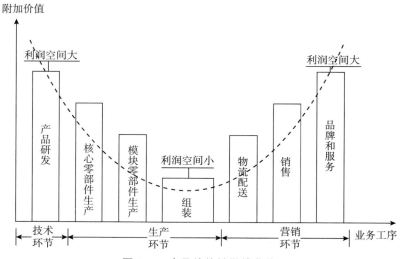

图 3-3 产品价值链微笑曲线

技术收敛的理想情形认为，发展中国家大多数企业是从"低端嵌入"参与国际分工的，主要集中于加工、制造、生产和组装等环节，处于全球价值链的低端，产品的技术含量与附加值都较低，其所从事生产制造的工序环节也很容易被替代。但由于 FDI 与参与国际贸易等原因，发展中国家可以通过"市场换技术""进出口学习效应"或"干中学效应"等获取发达国家的技术溢出"红利"，实现产品技术含量与附加值的双重提升。但随着 Acemoglu 等（2006）所说的技术"前沿差距"不断缩小，来自发达国家技术溢出"红利"的日渐消失，发展中国家企业会追求从技术模仿向创新的转变，并试图掌握核心技术，继续沿"微笑曲线"向全球价值链高端环节延伸，抢占原来由发达国家跨国企业所掌控的技术研发与产品营销环节，在获取更高附加值的同时，改变被轻易替代的不利局面。正是经由"工艺创新升级→产品创新升级→功能创新升级→链条升级"的价值链升级过程，发展中国家与发达国家之间的技术差距会大大缩小，直至收敛。不过，这种技术收敛的理想情形越来越受到质疑。

首先，绝大多数发展中国家的企业不能完成价值链升级的全部过程，它们较容易完成的是工艺创新与产品创新的升级，而在功能创新升级或链条创新升级时则会受到发达国家的控制和阻击。由于跨国公司具有内在的战略性技术"隔绝机制"，从而导致技术扩散选择性、排斥性和封闭性，因而发达国家有能力通过人为缩短生产设备或关键零配件的技术"淘汰"周期、实施严格的技术转移门槛乃至技术封锁、强化知识产权保护制度等手段来隔断发展中国家的技术上升通道，使被动嵌入在全球价值链中的发展中国家企业失去技术能力动态提升的长期机会而陷入技术的"低端锁定"。

其次，发展中国家对全球价值链体系的深度依赖，可能会对其自主创新能力提升造成负面影响。根据相关测算，技术引进成本往往只有自主投资研发成本的 1/3 左右（林毅夫，2005），而模仿创新的成本只有自主创新成本的 60% 左右（Mansfield et al.，1981），基于成本考量，发展中国家的企业更易于依靠大规模进口国外关键零配件、核心原材料以及先进生产设备来弥补"技术差距"，这种"出口引致进口"的技术升级替代机制（Feng et al.，2016）会弱化发展中国家企业的长期"创新激励"。并且，发达国家技术越高级、标准体系越完善，越能够削弱发展中国家企业对价值链高端环节的投入和追求（刘友金和周健，2018）。

由此可见，发展中国家依赖于全球价值链的技术"跟随追赶"模式，最终会由于发达国家的控制和阻击以及发展中国家企业自身"创新激励"的缺失而形成"核心技术之殇"。美国 2018 年炮制的"中兴通讯事件"① 就为中国企业"核心技术之殇"做了很好的注解。

2. 产业集群升级滞后于空间城镇化而又快于人口城镇化

在中国城镇化过程中，一种令人担忧的状况是城市蔓延现象频现②，部分新城新区空置率过高。究其原因，一般认为是由于中国城镇化路径选取的是政府推进模式，其通常做法是实施土地城镇化先行策略，政府先大规模投资建设各类经济开发区或新城区摊土地"大饼"，然后以政策优惠来集聚资源以求实现快速的城镇化。只是，一些地区在快速的空间城镇化之后，由于资源集聚能力偏弱，使土地城镇化先行策略不仅达不到预期效果，反而造成了大规模的用地浪费，产生城市蔓延现象。

而进一步分析可以发现，地方政府之所以热衷于土地城镇化，与中国现行政治晋升激励与财税体制有很大关系。一方面，改革开放后较长一段时期的政治体制下，政府官员的晋升主要围绕以 GDP 增长为核心考核指标，因而最直接的目标就是大力发展地方经济，提高地方经济增长率。地方政府官员作为理性经济人，通过新园区、新城区建设来快速提升 GDP 增长率就成为了一种普遍性的选择，从而形成了地方政府官员强大的土地城市化动力。另一方面，土地城镇化在 1994 年之后有加强的趋势，这与 1994 年推出分税制财政体制改革，结束中央与地方的财政包干制有着极强的相关性。通过分设国税局系统和地税局系统，自 1994 年起，地方增值税增量的 75%、消费税增量的 100% 划归中央税收。从分税制之后地方政府的财政收入结构来看，有两种收入起了决

---

① 2018 年 4 月 16 日，美国商务部工业与安全局（BIS）以中兴通讯对涉及历史出口管制违规行为的某些员工未及时扣减奖金和发出惩戒信，并在 2016 年 11 月 30 日和 2017 年 7 月 20 日提交给美国政府的两份函件中对此做了虚假陈述为由，做出了激活对中兴通讯和中兴通讯公司拒绝令的决定。美国商务部下令拒绝中国电信设备制造商中兴通讯的出口特权，禁止美国公司向中兴通讯出口电讯零部件产品。期限为 7 年。此外，美国商务部工业和安全局还对中兴通讯处以 3 亿美元罚款。这部分罚款可暂缓支付，主要视中兴在未来 7 年执行协议的情况而定的。

② 一般意义上，城市蔓延是指城市土地扩张或土地相对于人口扩张的现象。孙三百，万广华. 城市蔓延对居民福利的影响——对城市空间异质性的考察 [J]. 经济学动态，2017（11）：32-45. 在本书中，城市蔓延主要是指在我国城镇化过程中，城镇空间扩张速度超出人口与产业集聚速度的现象。

定性的作用：建筑业营业税与土地出让金，前者是地方财政预算内收入的主体，替代了此前增值税在地方税收中扮演的角色，后者是地方财政预算外和基金收入的主体，两者共同成为地方财政收入增长的主要贡献者，也是中国地方政府的财政在分税制后被称为"土地财政"的主要原因（周飞舟，2018）。

只是，对于很多城镇而言，空间城镇化的快速推进并没有吸引足量的产业与人口聚集，或者一些城镇仅仅依靠政策优惠吸引了一些低端企业"扎堆"，但这些"扎堆"企业之间并未成为有序性的、自组织的有机体，并没有形成高质量的产业集群，最终导致土地使用与城镇化的低效率。因此，要真正实现新型城镇化，必须考虑到地方的资源吸聚能力，通过产业集群升级来避免过度的城市蔓延现象。

核心技术获取困难与产业集群升级滞后于空间城镇化而又快于人口城镇化，作为全球分工下产业集群升级与新型城镇化协同推进的两个突出难题，其解决的关键在于产业的转型升级，并实现与城镇功能的结合与匹配。特别是未来 15~20 年，在新一轮科技和产业变革等诸多因素的综合影响下，全球产业分工格局将面临持续调整重塑，以互联网、大数据、云计算、物联网等新一代信息技术的广泛应用为特征，以新一代智能制造技术为核心引领的新一轮工业革命，引发的全球价值链重构使数字化、网络化、智能化技术发展应用将成为全球产业分工格局的"博弈改变者"。我们应充分利用这次难得的机遇，清醒认识自身优势和劣势，顺应时代大势谋发展，在技术上，从主要发达国家在人才储备、数据基础设施、知识经验、关键技术积累、营商环境等方面的优势中突围，形成自身核心技术，引领城镇产业集群升级，打造更多的世界级产业集群，全面提高中国城镇在未来全球产业分工格局中的位势，是顺利实现产业集群升级与新型城镇化协同推进的关键所在。

第四章 中国产业集群升级的空间演化及其影响因素

要了解中国产业集群升级与新型城镇化协同推进的机制机理，首先要对中国产业集群升级的状况作一个全面了解。从目前的相关研究来看，对产业集群升级的分析主要着眼于全球价值链攀升，客观地讲，尽管中国产业集群通过嵌入全球价值链确实获得了一定程度的发展，但集群本地网络的不完善以及被俘获的外部治理已经严重制约了中国产业集群的升级空间。同时，基于全球价值链的产业集群升级还带来了度量难题，无论是通过度量集群创新能力或竞争能力的提升进行间接测度，还是通过直接计算集群企业在全球价值链上的"分工位置"变化来进行直接度量，都主要是基于单个产业集群进行的测度，不能较好地评价一个地区的产业集群实际的升级情况，更难对全国不同地区的产业集群升级状况有一个综合的把握。为了解决这一问题，我们在这里主要以城市为集群单位，通过界定城市的集群类型，然后再度量其集群升级的程度，并基于全国空间范围进行计量分析，全面分析中国产业集群升级的空间演化规律，并解构其推动的影响因素。

第一节 中国产业集群的空间分布

一、中国产业集群空间分布的形成过程

集群的形成是一个历史过程，应将其置于动态的、演化的视野中去理解。历史地看，中国产业集群的空间分布主要源于市场与政府两种力量的共同作用，但不同类型的产业集群受这两种力量的影响程度存在一定差异：传统产业集聚主要基于地理和资源根植性特点的驱动，市场的作用更突出一些，战略性新兴产业集群则主要基于国家层面的宏观战略布局，政府的作用更大一些。

1. 传统产业集群的空间分布

传统产业集群是以传统产业为主导、众多中小企业及相关机构在一定的空间范围内聚集而形成的经济群落，目前中国绝大多数产业集群都属于该种类型。中国传统产业集群的形成有几种主要模式：

（1）珠三角的"产业转移、外部嵌入"模式。主要是 20 世纪 80 年代初期，在先行先试"东风"吹拂下，凭借地理位置优势和"三来一补"（来料加工、来件装配、来样加工和补偿贸易）业务以及邻近区域的产业转移和辐射，形成产业相近的专业镇。目前珠三角已形成三大具有一定特色的产业集群分布区域：以珠三角东岸的东莞、深圳、惠州的电子及通信设备制造业为主的全国最大的电子通信制造业产业集群区；以珠三角西岸的珠海、中山为中心形成的以家庭耐用品、五金制品为主的产业集群区；中部的广州、佛山、肇庆为中心形成的传统的电气机械、钢铁、纺织、建材产业集群区。

（2）浙江的"民营主体、内生发展"模式。浙江产业集聚是从 20 世纪 70 年代末 80 年代初开始的，主要依靠民间力量和传统产业，在市场机制作用下逐渐形成。浙江具有特色优势的产业和区域块状经济已经涉及制造、加工、建筑、运输、养殖、纺织、工贸、服务等十几个领域，100 多个工业行业和 30 多个农副产品加工业。有绍兴的轻纺产业群、海宁的皮革产业群、蝶州的领带

产业群、永康的五金产业群、永嘉的纽扣产业群、乐清的低压电器产业群、桐庐的制笔产业群、诸暨的珍珠和大唐袜业产业群，等等。这些星罗棋布的产业集群已经成为开拓国际、国内市场的生产和创新基地。

（3）苏南的"龙头带动、产业配套"模式。苏南地区包括苏州、无锡、常州、南京、镇江五市，苏南产业集群的发展主要得益于 20 世纪 80 年代本地乡镇企业的快速发展与上海大工业的配套转型。20 世纪七八十年代，苏南人突破计划经济体制束缚，利用集体经济的优势发展资本密集度要求高的制造业，推动经济实现由农向工的转变，形成了以吴（江）常（熟）江（阴）为代表的乡镇企业集群，创造了举世瞩目的苏南模式。

（4）遍布全国各地的"园区推进"模式。通过对中国工业园区数量统计发现，到 2015 年，已有 478 个国家级的经开区、出口加工区、保税区等，另外，有省级各类开发区 1170 个，再加上各类乡镇工业园区，全国各类工业园区达 22000 多个。这些通过行政手段划出区域的工业生产区，经过妥善的开发，通常会发展成为一个产业聚落，也是中国许多城镇推动产业集群发展的重要方式。

2. 战略性新兴产业集群的空间分布

2010 年 9 月，国务院常务会议审议通过《国务院关于加快培育和发展战略性新兴产业的决定》，以中国经济社会可持续发展为出发点，在充分考虑当前新兴产业国际发展趋势和中国产业实力的基础上，将节能环保、新一代信息技术、生物、高端装备制造、新能源、新材料和新能源汽车列为阶段性重点发展的七大战略性新兴产业。随后中国的战略性新兴产业获得了各级政府的高度重视，出现了盲目上项目，盲目给政策等众多问题，导致各地发展呈现严重的产业趋同性。这迫切需要国家统一筹划并在新兴产业发展早期进行优化布局。于是 2012 年 10 月国家发展改革委、财政部联合下发了《关于推进区域战略性新兴产业集聚发展试点工作的指导意见（试行）》（发改高技〔2012〕3438号），国家有关部门按照优势地区试点先行，其他地方逐步推广的发展思路，首先确定江苏、安徽、湖北、广东、深圳五省市为中国第一批战略性新兴产业集聚区试点。国家根据这五个试点的产业发展情况实行资金不等的滚动支持计划，支持年度为 2013~2015 年。

2014 年 6 月发布了《国家发展和改革委、财政部关于组织实施战略性新兴产业区域集聚发展试点的通知》（〔2014〕1179号），要求各省市有关部门认真阅读文件，根据所在地的实际情况，实事求是地做好试点的申报工作。这次的重点申报产业领域是新一代信息技术、高端生物医药、高端装备制造和新材料产业，各地区可以依托自身的产业基础和区域优势，从这四个大方向下选择具有竞争优势的子方向作为产业集聚区试点进行申报。国家在审核时重点考察区域特色、产业优势、集聚基础、发展潜力和协同创新等要素，注重这些集聚区试点对整体新兴产业的带动能力和示范作用。这次国家新批复了北京、上海、哈尔滨、甘肃金昌、山东淄博、湖南株洲等10个新试点，支持年度为2015~2017年。

　　2016年《国务院关于印发"十三五"国家战略性新兴产业发展规划的通知》进一步明确"依托城市群建设，打造10个左右具有全球影响力、引领我国战略性新兴产业发展的标志性产业集聚区"，具体为"在东部地区打造国际一流的战略性新兴产业城市群，围绕京津冀协同发展，加强京津冀经济与科技人才联动，形成辐射带动环渤海地区和北方腹地发展的战略性新兴产业发展共同体；发挥长三角城市群对长江经济带的引领作用，以上海、南京、杭州、合肥、苏锡常等都市圈为支点，构筑点面结合、链群交融的产业发展格局；以广州、深圳为核心，全面提升珠三角城市群战略性新兴产业的国际竞争力，延伸布局产业链和服务链，带动区域经济转型发展；推动山东半岛城市群重点发展生物医药、高端装备制造、新一代信息技术、新材料等产业和海洋经济；围绕福州、厦门等重点城市，推动海峡西岸地区生物、海洋、集成电路等产业发展。依托中西部地区产业基础，大力推进成渝地区、武汉都市圈、长株潭城市群、中原城市群、关中平原城市群等重点区域战略性新兴产业发展，积极创造条件承接东部地区产业转移；支持昆明、贵阳等城市发展具有比较优势的产业，促进长江经济带上中下游地区产业协同发展。对接丝绸之路经济带建设，促进天山北坡、兰州—西宁等西北地区城市群发展特色产业。推动东北地区大力发展机器人及智能装备、光电子、生物医药及医疗器械、信息服务等产业，以沈阳、大连、哈尔滨、长春为支点，支持东北地区城市群打造国内领先的战略性新兴产业集群，带动区域经济转型升级"。在这一背景下，各省也纷纷推出省级《战略性新兴产业区域集聚发展试点实施方案》，从而将政府布局战略性新兴产业集群的战略予以进一步落实。

二、中国产业集群的空间分布特点

由于地理区位、要素禀赋、技术和偏好以及历史偶然因素等，导致中国产业集群的地区分布极不均匀。主要表现在：产业集群分布主要集中在东南沿海地区，虽然中西部地区的产业集群已经迈入快速发展轨道，但与东部沿海仍然存在相当大的差距。

1. 产业集群分布主要集中在东南沿海地区

中国当前的产业集群主要分布在东南沿海地区，特别是集中在江苏、浙江、山东、广东和福建五省，这五个省占全国制造业产业集群总数的一半以上，并形成了珠江三角洲地区、浙东南地区、长江三角洲地区以及环渤海湾地区几个重要的产业集群区域。珠江三角洲地区典型产业集群主要有东莞电脑及相关产业集群、惠州的电子信息产业集群、佛山市顺德的家电产业集群和石湾镇的陶瓷产业集群、汕头市澄海的玩具产业集群和潮阳的针织品产业集群以及中山市古镇灯饰产业集群等；浙东南地区典型产业集群主要有绍兴的轻纺产业、海宁的皮革产业、嵊州的领带产业、永康的五金产业、乐清的低压电器产业、诸暨的袜业等产业集群；长江三角洲地区典型产业集群主要有苏州的高科技产业集群、宁波的服装产业集群等；环渤海湾地区典型产业集群主要有山东寿光水果蔬菜产业集群、文登工艺家纺产业集群、河北清河的羊绒产业集群、辛集的皮革产业集群、白沟箱包产业集群、胜芳金属玻璃家具产业集群，北京的中关村高科技产业集群等。

从行业来看，纺织服装产业集群、交通运输设备产业集群和电子通信设备制造产业集群是中国较为典型的产业集群，其中，纺织服装产业集群主要分布在江苏、浙江、山东、福建等东部地区，湖北、安徽、河北等中部地区也在部分领域有较大的聚集，西部地区只有较少分布；交通运输设备产业集群主要分布在上海、重庆、吉林、广东、浙江、湖南、山东等地区，东、中、西部都有较大的集聚；电子通信设备制造产业集群主要分布在江苏、广东、上海、天津、北京、浙江等地区，中西部地区少有集聚。

中国制造业产业集群大多发生在东南沿海地区，除了它们有相对靠近国际大市场的区位优势这种自然因素之外，更重要的触发因素是这些地区率先进行改革开放，在市场化改革中先行一步，获得了先行者利益。

2. 快速发展的中西部地区产业集群

中西部地区的产业集群发展与沿海产业向中西部转移有着非常密切的关系。自 2001 年以来，随着中国沿海地区要素成本上升、资源环境压力加大，特别是全球金融危机后的国际市场环境变化，加快推进沿海产业向中西部地区有序转移逐步上升为国家重要发展战略，2009 年国务院政府工作报告明确要求：要抓紧研究制定中西部地区承接产业转移的具体政策措施，2010 年国务院关于中西部地区承接产业转移的指导意见进一步强化了相关要求。在这一背景下，中西部地区各级地方政府都在积极引导和促进本地区产业集群发展，由于具备产业集群发展所需的自然资源、土地资源和劳动力资源的优势，中西部地区产业集群发展有很大潜力，随着东部地区产业集群的转移和中国国民经济的持续快速增长，中西部产业集群将会进入一个大发展时期。

目前，以河南、湖南、湖北、四川、重庆为代表的地区产业集群发展势头较为迅猛。中部地区湖北武汉光电子产业集聚，湖北仙桃无纺布集群，湖南浏阳花炮产业集群，江西文港制笔产业集群，江西赣州稀土新材料产业集群等；西部地区陕西户县纸箱产业集群，四川夹江陶瓷产业集群，重庆摩托车产业集群等都是具有一定代表性的产业集群。不过，从总体上来看，目前中西部地区还没有充分发挥产业集群的优势，企业之间的联系还比较少，同类或相关企业没有形成有机融合发展的体制机制，地方产业配套能力较低。

第二节 中国产业集群升级的测度及其空间演化

由于产业集群升级主要是指制造业集群的升级，因此，我们主要以制造业集群为例分析中国产业集群升级的相关情况。

一、制造业集群升级的测度方法

1. 制造业集群升级的度量

目前对产业集群升级的度量主要方法有两大类：一类是以整个集群为度量

对象，用集群系统的结构优化程度衡量产业集群升级（陈瑾，2012），或以集群创新绩效和集群竞争力度量产业集群升级（潘利，2007）；另一类具体到产业集群内微观元素，以集群内企业增加值率来衡量（叶笛等，2015），或者从产业集群内的流程、产品、功能及链条的升级来间接度量产业集群升级（苏东坡等，2018），并将产业集群升级影响因素归结为集群创新力、附加值及竞争力等的提高（符文颖和邓金玲，2017；Gary Gereffi，1999）。我们将以上两类方法进行综合，首先借鉴马述忠、张洪胜（2017）用县级行政单位衡量集群的方法将地级市视为制造业"集群单元"。其次用地级市内的企业数据加总得到地级市二位数代码的行业数据，在经济合作与发展组织（Organization for Economic Cooperation and Development，OECD）对制造业分类的基础上，根据产业集群升级特征——创新力和附加值提升，按技术含量及附加值高低将制造业集群分为高、中高、中低和低四个大类（见表4-1），每个大类代表一定技术层次的产业集群集合，为了计算方便，进一步将不同技术层次的产业集群集合并作为以地级市为计量单位的城市制造业集群，因此，任何城市的制造业集群都可分为高、中高、中低和低四类。最后计算不同类型制造业集群占比以表现其内部结构变化，进而来度量城市制造业集群的升级水平。

表4-1　制造业集群类型

类型	细分行业及代码
高技术及附加值类	电气机械及器材制造业 C39，通信设备、计算机及其他电子设备制造业 C40，仪器仪表及文化、办公用机械制造业 C41
中高技术及附加值类	通用设备制造业 C35，专用设备制造业 C36，交通运输设备制造业 C37
中低技术及附加值类	石油加工、炼焦及核燃料加工业 C25，化学原料及化学制品制造业 C26，医药制造业 C27，化学纤维制造业 C28，橡胶制品业 C29，塑料制品业 C30，非金属矿物制品业 C31，黑色金属冶炼及压延加工业 C32，有色金属冶炼及压延加工业 C33，金属制品业 C34
低技术及附加值类	农副食品加工业 C13，食品制造业 C14，饮料制造业 C15，烟草制品业 C16，纺织业 C17，纺织服装、鞋、帽制品业 C18，皮革、毛皮、羽毛（绒）及其制品业 C19，木材加工及木、竹、藤、棕、草制品业 C20，家具制造业 C21，造纸及纸制品业 C22，印刷业和记录媒介的复制 C23，文教体育用品制造业 C24，工艺品及其他制造业 C42

注：行业代码为国际标准行业分类第四版。

2. 制造业集群升级指数的构建

根据以上分类，首先，假设 i 城市制造业集群的高、中高、中低和低四类集群产值占其总产值的比例分别为 X_{i1}、X_{i2}、X_{i3} 和 X_{i4}，借鉴刘智勇等（2018）测度结构变动的向量夹角余弦法和客观赋权法构建城市制造业集群升级指数，具体过程如下：令城市 i 的四类集群产值占比构成一个空间向量 $X_{oi} = （X_{i1}$，X_{i2}，X_{i3}，$X_{i4}）$，即 X_{ij}（$j = 1$，2，3，4）为空间向量 X_{oi} 的一个分量，且分量 X_{i1}，X_{i2}，X_{i3}，X_{i4} 分别对应一个基准向量 y_k（$k = 1$，2，3，4），即 $y_1 = （1$，0，0，0），$y_2 = （0$，1，0，0），$y_3 = （0$，0，1，0），$y_4 = （0$，0，0，1）。其次，计算 X_{oi} 与每个分量所对应的基准向量的夹角 θ_{ik}（$k = 1$，2，3，4）：

$$\theta_{ik} = \cos^{-1} \left\{ \frac{\sum\limits_{j=1}^{4} X_{ij} \times y_{kj}}{\left(\sum\limits_{j=1}^{4} X_{ij}^2 \right)^{\frac{1}{2}} \left(\sum\limits_{j=1}^{4} y_{kj}^2 \right)^{\frac{1}{2}}} \right\} \tag{4-1}$$

在式（4-1）中，X_{ij} 表示空间向量 X_{oi} 的第 j 个分量，y_{kj} 表示基准向量 y_k 的第 j 个分量。由此可得城市 i 的四类制造业集群所对立的向量夹角 θ_{ik}。进而计算 i 城市制造业集群升级指数 $Icu_i = \sum\limits_{k=1}^{4} \theta_{ik} \times k$，$Icu_i$ 越大则意味着 i 城市制造业集群升级速率越大。

二、中国制造业集群升级的空间演化

1. 数据处理及测度结果

我们采用中国工业企业数据库 1998~2013 年的微观数据，用企业工业总产值作为计算制造业集群升级指数的基础数据，其中，2004 年工业总产值缺失，用企业主营业务收入代替。基于数据可获得性，同时为尽可能展现中国制造业集群升级全貌，此处以全国 324 个地级行政区为"集群单元"，计算其制造业集群升级指数。由于制造业集群升级指数只表示了集群整体升级的速率水平，难以体现城市制造业集群的技术层次变化，进一步根据城市占主导地位的制造业集群类型对城市进行分类，即城市 i 有四类制造业集群，根据 X_{i1}、X_{i2}、X_{i3} 和 X_{i4} 中的最大值，将城市类型分别定义为"高制造业集群城市"（X_{i1} 取最大值）、"中高制造业集群城市"（X_{i2} 取最大值）、"中低制造业集群城市"

（X_{i3} 取最大值）和"低制造业集群城市"（X_{i4} 取最大值）。由于 2013 年的数据存在较多缺失值，所以选取了 1998 年、2006 年和 2012 年的数据进行处理，得到的测度结果见表 4-2。

表 4-2　测度结果的描述性统计

类别 年份	城市 Icu 指数				城市类型（个）				样本量
	Mean	Std	Min	Max	高	中高	中低	低	
1998	0.680	0.035	0.630	0.877	9	8	157	150	324
2006	0.694	0.038	0.628	0.890	13	16	196	99	324
2012	0.694	0.035	0.638	0.863	14	15	209	86	324

根据表 4-2 的测度结果，从平均意义上来看，2006 年的制造业集群升级指数相对 1998 年有了明显的提升，说明这段时期中国制造业集群有过一个全面升级的过程；而 2012 年的制造业集群升级指数与 2006 年相比变化不大，说明这段时期中国制造业集群保持了相对稳定的升级速率。另外，从制造业集群城市类型来看，1998~2006 年，高、中高及中低类制造业集群城市数量均有明显增加，而低类制造业集群城市数量减少了 1/3 有余，说明这段时期中国制造业集群技术层次有了较大幅度的上升，制造业集群升级效果十分显著；2006~2012 年，高、中高类制造业集群城市数量没有明显变化，只有中低类制造业集群城市数量略有增加，低类制造业集群城市数量相应有所减少，说明这段时期中国制造业集群技术层次上升幅度不大，制造业集群升级效应不显著。

2. 中国制造业集群升级的空间演化过程

为了比较全面地分析中国制造业升级在空间上是如何演化的，我们从"基于制造业集群升级指数"和"基于制造业集群城市类型"两个方面进行描述，前者主要侧重于关注城市制造业集群的"升级状况"，后者则主要侧重于关注城市制造业集群处于"什么样的水平"。

（1）基于制造业集群升级指数的描述。为了更好地说明制造业集群升级指数（用 Icu 表示）的空间变化特点，我们参考余江、叶林（2018）划分城镇化率梯度的排序方法，将三年的所有 Icu 指数按从低到高排序，并按 4∶3∶2∶1 原则确定四个指数区间，分别定义为升级慢、较慢、较快和快，然后得到 Icu 的空间演化 GIS 图①。

首先，根据 1998 年 *Icu* 空间演化 GIS 图，1998 年中国制造业集群升级指数较多位于慢区间，说明整体上升级速度慢，升级快与较快的地区主要分布在北方的陕甘宁晋一带和辽东半岛以及中部的湖南长株潭、安徽东南部和沿海的珠三角一带，另外，西南的个别地方如四川省的绵阳、攀枝花等制造业集群升级也较为明显。其次，根据 2006 年 *Icu* 空间演化 GIS 图，2006 年，中国制造业集群升级指数位于快与较快区间的数量相对于 1998 年明显增加，尤其是京津冀、长三角和珠三角制造业集群升级很快，同时西南地区制造业集群升级也很迅速，例如，重庆市、贵州的六盘水市及安顺市一带，另外，东北部老工业基地的制造业集群也有较明显的升级，而相对来说，中部豫鄂湘赣的制造业集群升级较慢。最后，比较 2006 年与 2012 年 *Icu* 空间演化 GIS 图，2012 年中国制造业集群升级指数变化不大，平均指数只有略微上升，在空间分布上，长三角和珠三角的制造业集群升级速度有所加快，中西部地区制造业集群升级速度没有发生明显改变，但一个值得注意的现象是东北地区的制造业集群有明显衰弱的趋势。

根据以上制造业集群升级指数的空间演化情况，可以看出：①1998~2006年中国制造业集群有过一个全面升级的过程，其中，西部地区与东北地区表现更为明显；②2006~2012 年，中国制造业集群保持了相对稳定的升级速率，但升级的重心逐渐转移到东南沿海地区，同时东北地区的制造业集群出现了衰弱迹象。

（2）基于制造业集群城市类型的描述。根据 1998 年、2005 年和 2012 年中国制造业集群城市类型数据，可得到制造业集群城市类型的空间演化 GIS 图②。首先，根据 1998 年制造业集群城市类型空间演化 GIS 图，1998 年中国制造业集群城市类型以中低和低类为主，可以说此两类城市遍布于全国各地，特别是中部、粤北、山东等地分布较为密集；而高和中高类城市数量很少，且主要分布于东南沿海与西部地区的四川和陕西。其次，通过比较 1998 年和 2006 年制造业集群城市类型空间演化 GIS 图，与 1998 年相比，2006 年中国制造业集群城市类型有了明显的变化：东南沿海地区的低类城市大部分上升为中低类城

---

① ② 图略，读者如有兴趣，欢迎直接向作者索取。

市，高类城市在长三角和珠三角也有明显增加；东北地区中低、中高类城市有所增长；中西部地区的中高类城市有所增加，但高类城市仍然不多且在西部地区有减少的迹象。最后，通过比较2006年与2012年制造业集群城市类型空间演化 GIS 图，与2006年相比，2012年中国制造业集群城市类型仍以中低类为主，虽然东北地区不少城市由中低类城市降级为低类城市，但全国其他地区仍然以低类城市上升为中低类城市为主，特别是山东表现得尤其明显；值得注意的是，高、中高类城市进一步向东南沿海集中，尤其是长三角地区，高、中高类城市明显增多，而在中西部地区，作为中国唯一科技城的绵阳市和中国老工业基地之一的天水市一直是高类城市，成都则新上升为高类城市，而其他地区无明显变化。

因此，根据中国制造业集群城市类型的空间演化情况，可以得出与本书所构造的制造业集群升级指数 Icu 的空间演化较为一致的结论：1998~2006年升级的重心在西部地区与东北地区，2006~2012年重心逐渐转移到东南沿海地区，并且东北地区有衰弱迹象。

综上分析，中国制造业集群城市类型的空间演化与 Icu 指数的空间演化较为一致，说明我们构造的 Icu 指数具有较好的合理性。同时，通过以上分析可知：第一，根据 Icu 指数，大多数中国制造业集群一直处于上升通道当中；第二，总体上，大多数中国制造业集群处于中低技术水平，要实现对发达国家的赶超还任重道远；第三，中国制造业升级的重心经历了由西部与东北到东南沿海的转移过程。

第三节　中国产业集群升级的动力因素

一、影响因素指标选取

制造业集群升级的影响因素一般包括供需状况、集聚水平和外部环境三个方面。我们参考已有研究成果并结合数据的可获得性，供需状况方面主要选取技术创新、人力资本和消费需求三个具体指标；集聚水平方面主要选取产业集聚度指标；外部环境主要选取表示市场化程度的制度因素、对外开放程度及经济规模三个具体指标。

1. 技术创新（TEC）

技术创新可以通过改进生产方式提高生产效率、改善产品功能提高产品附加值等促进制造业集群升级，一般情况下，技术创新越频繁、水平越高，制造业集群升级往往越快。借鉴高远东、张卫国等（2015）的度量方法，用 R&D 经费支出表示技术创新，且由于中国 R&D 经费主要来自国家财政投入，因此，文中的技术创新采用地方政府财政支出中用于科学技术的经费支出占财政支出的比例来衡量。

2. 人力资本（HUMCAP）

人力资本是体现劳动者素质的综合指标，源自教育、培训以及工作经验和人口迁移等多个方面，且人力资本越丰富，越能满足高端制造业对高质量劳动力和人才的需求，因而人力资本相对丰裕的地区制造业集群升级往往越快。借鉴阳立高、龚世豪（2018）等的度量方法，采用地区人均受教育年限对人力资本进行衡量：$HUMCAP = \dfrac{st_1 \times 6 + st_2 \times 3 + st_3 \times 3 + st_4 \times 4}{N}$，其中，$st_1$、$st_2$、$st_3$、$st_4$ 分别表示小学、初中、高中和大学的在校学生人数，6、3、3、4 分别为相应的学制，N 为地区总人口。

3. 消费需求（PCGDP）

人们的消费水平、消费结构的变化会通过产品市场影响制造业集群升级，且消费水平越高、消费结构越高级，越利于制造业集群升级。而遵循常用的度量方法，用地区人均 GDP 表示消费需求。

4. 产业集聚度（ICD）

集聚所产生的外部性经济是制造业集群升级的重要动力之一，集群规模越大、组织结构越完善，制造业集群升级速度越快。参考金煜等（2006）与洪俊杰等（2014）的度量方法，用城市制造业集群总产值除以全国制造业集群总产值表示城市制造业集群的产业集聚度，即 $ICD_i = cino_i / nino$，其中，$cino_i$、$nino$ 分别表示城市 i 的制造业集群总产值与全国制造业集群总产值。

5. 制度因素 （INS）

制度因素往往通过市场竞争环境、市场资源配置效率等作用于制造业集群。借鉴高远东、张卫国等（2015）的度量方法，用城市制造业集群内所有企业的非国有资本与实有总资本之比度量制度因素。

6. 对外开放程度 （OPEN）

对外开放程度可从资本、技术等方面影响制造业集群升级，一般来说，对外开放程度越高越利于国外资本和先进技术的引进、从而促进制造业集群升级。借鉴张杰、唐根年（2018）的度量方法，文中的对外开放程度用城市制造业集群内所有企业的外商资本与实有总资本之比度量。

7. 经济规模 （GDP）

经济规模会影响政府与社会的投资规模，进而影响制造业集群升级，一般经济规模越大，对制造业集群升级越有利，通常用地区 GDP 衡量。

二、模型构建与数据来源

为了研究中国制造业集群升级的影响因素，根据以上分析设定计量模型如下：

$$Icu_{it} = \beta_0 + \beta_1 TEC_{it} + \beta_2 HUMCAP_{it} + \beta_3 PCGDP_{it} + \beta_4 ICD_{it} + \beta_5 INS_{it} + \beta_6 OPEN_{it} + \beta_7 GDP_{it} + \varepsilon_{it}$$

$$(4-2)$$

在式（4-2）中，被解释变量 Icu_{it} 为城市 i 在 t 时期的制造业集群升级指数，$\beta_0 - \beta_7$ 分别表示常数项与各影响因素相对应的系数，ε_{it} 表示随机误差项。

我们使用 1998~2013 年全国地级市面板数据，且考虑到各指标数据的可获得性，最终选取 225 个地级市为研究样本。样本数据主要来自三个数据集：第一个数据集是《中国工业企业数据库》，包含了全部国有工业企业和规模以上非国有工业企业的数据，被解释变量 Icu 指数以及解释变量产业集聚度、制度因素和对外开放程度，均利用该数据库的微观数据计算得到；第二个数据集是《中国城市统计年鉴》，解释变量技术创新、人力资本、消费需求和经济规模的数据除少数缺失数据以外，均来自该数据库或利用该数据库的数据计算得到；第三个数据集是《中国区域统计年鉴》，部分解释变量技术创新、人力资本、消费需求和经济规模的缺失数据来自该数据库。

三、回归结果及解释

这里分两个步骤对中国制造业集群升级的影响因素进行回归：首先，进行全样本回归；其次，按制造业集群城市类型进行分类回归。考虑到高与中高类制造业集群城市样本量偏小，各自样本所含信息量少，因此，将两类合并为高中高类。由于短面板数据估计应先经过 F 检验、LM 检验和 Hausman 检验，以确定是否选择固定效应模型、随机效应模型或混合效应模型进行估计，因此，先分别对全样本（ALL）和高中高类（GZGL）、中低类（ZDL）、低类（DL）三类分类样本进行相关检验。表 4-3 报告了相关检验结果，可以看出，全样本和分类样本的 F、LM 检验都拒绝原假设，即都存在固定效应和随机效应，因此，拒绝采用混合回归。而 Hausman 检验时只有高中高类分类样本接受原假设，其他样本均拒绝原假设，因此，高中高类分类样本采用随机效应模型，其他样本都采用固定效应模型。

表 4-3　估计模型选择的计量检验结果

	检验类型	原假设	检验统计量	伴随概率	结论
全样本（ALL）	F 检验	不具有固定效应	81.7	0.0000	拒绝原假设
	LM 检验	不存在随机效应	15583.89	0.0000	拒绝原假设
	Hausman 检验	采用随机效应	101.43	0.0000	拒绝原假设
高中高类（GZGL）	F 检验	不具有固定效应	28.72	0.0000	拒绝原假设
	LM 检验	不存在随机效应	1087.73	0.0000	拒绝原假设
	Hausman 检验	采用随机效应	10.00	0.3539	接受原假设
中低类（ZDL）	F 检验	不具有固定效应	35.05	0.0000	拒绝原假设
	LM 检验	不存在随机效应	4991.93	0.0000	拒绝原假设
	Hausman 检验	采用随机效应	118.31	0.0000	拒绝原假设
低类（DL）	F 检验	不具有固定效应	14.17	0.0000	拒绝原假设
	LM 检验	不存在随机效应	1299.92	0.0000	拒绝原假设
	Hausman 检验	采用随机效应	24.48	0.0019	拒绝原假设

表 4-4 报告了中国制造业集群升级影响因素的估计结果。可以看出：

（1）根据第 2 列全样本估计结果，在整体上，除了消费需求以外，其他因素对中国制造业集群升级都产生了显著的促进作用，其中，产业集聚度、人力资本和经济规模对中国制造业集群升级的正向作用尤为明显，虽然消费需求对中国制造业集群升级有正向作用，但并不显著，说明消费需求的影响力还有待激发。

（2）根据第 3 列高中高类制造业集群城市样本的估计结果，对该类城市制造业集群升级产生显著影响的是人力资本和对外开放程度，而其他因素并没有产生显著影响。特别是，技术创新有促进作用，但效果不明显，而消费需求、制度因素则对该类制造业集群升级有不显著的负向影响，对此可能的解释是，随着中国经济的发展，尽管企业技术水平和居民消费水平都在提升，但在高端制造业领域，技术和消费的对外依存度还很高，没有给中国高端制造业集群升级带来明显的正向影响。

（3）根据第 4 列中低类制造业集群城市样本的估计结果，对该类城市制造业集群升级产生显著促进作用的是产业集聚度和经济规模，技术创新与制度因素的影响也显著为正，但其促进作用不及产业集聚度和经济规模，其余因素对该类制造业集群升级影响则并不显著。说明对于中低端制造业集群升级来说，产业集聚度和规模经济有非常重要的作用。

（4）根据第 5 列低类制造业集群城市样本的估计结果，对该类城市制造业集群升级具有影响的因素中，技术创新、消费需求、制度因素和对外开放程度的影响均为正，而人力资本的影响为负，说明对于低端制造业集群升级来说，市场化（制度和对外开放）的作用不可低估。

表 4-4　中国制造业集群升级影响因素的估计结果

	因变量：制造业集群升级指数 Icu			
	全样本（ALL）	高中高类（GZGL）	中低类（ZDL）	低类（DL）
技术创新（TEC）	0.0585416 ***	0.0258839	0.0551063 ***	0.0517634 **
	(2.92)	(0.36)	(2.71)	(2.42)
人力资本（HUMCAP）	0.3885073 ***	0.7896086 *	0.1034449	-0.4535538 *
	(2.58)	(1.80)	(0.70)	(-1.78)
消费需求（PCGDP）	0.0085153	-0.0603166	-0.0378595	0.0982378 *
	(0.32)	(-0.84)	(-1.42)	(1.90)

续表

	因变量：制造业集群升级指数 Icu			
	全样本（ALL）	高中高类（GZGL）	中低类（ZDL）	低类（DL）
制度因素 （INS）	0.0124587 *** （5.71）	−0.0118816 （−0.96）	0.0088499 *** （4.27）	0.0099619 *** （3.81）
产业集聚度 （ICD）	0.8855874 *** （3.97）	0.6405466 （1.48）	0.8697495 *** （3.20）	−0.6668089 （−1.40）
经济规模 （GDP）	0.2474792 *** （5.44）	0.0904529 （0.90）	0.3841079 *** （6.66）	−0.0736908 （−1.00）
对外开放程度 （OPEN）	0.0141335 ** （2.48）	0.0532204 *** （2.71）	0.0061979 （1.01）	0.0093525 * （1.74）
cons	10.14762 *** （391.45）	10.95479 *** （76.07）	10.3446 *** （411.38）	9.768354 *** （257.5）
N	3600	375	2106	1119
R²	0.046	0.0222	0.0694	0.0637
F	23.22	16.23	20.39	9.69

注：括号中为 t 统计量，＊、＊＊、＊＊＊分别表示 10%、5%、1%的显著性水平，N 为样本量。

四、结论与政策含义

综合以上分析及实证结果可以发现，1998～2013 年，中国制造业集群升级发生了两个明显的转变：一是在升级的空间上，升级的重心由西部与东北地区逐渐转移到东南沿海地区；二是在升级的关键影响因素上，存在由"市场化因素"到"规模经济因素"，再逐渐转向"人力资本因素"的过程。通过对这两个转变及其逻辑关联性的理解，可以认为：

（1）进入 21 世纪后，中国陆续推出了西部大开发（2000 年）、振兴东北老工业基地（2003 年）、中部崛起（2006 年）等区域平衡战略，在这些战略的实施过程中，加大这些地区的制造业投入是重要内容之一，因此，1998～2006 年，中国制造业集群升级的重心在西部与东北地区，在一定程度上可以理解为政策变量的影响。而政策变量之所以起作用，在于这段时期中国制造业集群升级的主体是低端制造业集群的升级，对其影响最大的因素都与市场化有关，而市场化正好是中国改革开放以来政策的关键内容。

（2）2006~2013年，中国制造业集群升级的重心逐渐转移到东南沿海地区，可能的原因是，这段时期中国制造业集群升级的主体是中低端制造业集群的升级，对这类制造业集群而言，与规模经济有关的因素对其升级有着至关重要的影响，而无论是地区经济总量还是制造业集群规模，东部地区的优势都是显而易见的，在西部与东北地区消化了区域平衡战略的"红利"之后，制造业集群升级的重心自然会转移到东部沿海。

（3）随着中国制造业集群升级到中低端之后，将面临由中低端向中高端、中高端向高端升级的压力，而这个阶段，影响制造业集群升级最重要的因素将转变为人力资本，这也是近年来许多地方政府纷纷改变依赖基础设施、土地和税收等各项优惠来招商引资的产业政策，转而实施"抢人"大战的重要原因之一，特别是自2018年以来，有的城市甚至给出了近乎"零门槛"的落户政策来"抢人"。

（4）需要引起注意的是，1998~2013年消费需求与技术创新对中国制造业集群升级的影响没有达到预期，说明通过这两个因素施加对中国制造业集群升级的影响还有着非常大的提升空间。

我们的研究结论具有明确的政策含义：

（1）人力资本培育是实现制造业集群高端化的关键。由于制造业集群在由中低端向中高端、中高端向高端升级的过程中，最重要的影响因素已经转变为人力资本，因此，宜将人力资本培育视为未来产业政策的重点。

（2）创新生态系统的构建是制造业集群高端化的重要基础。从国际经验来看，各国最成功的制造业集群几乎都依靠核心大学推动，并拥有由核心企业、高校院所、创新人才、天使投资和创业金融等要素组成的创新生态系统。而中国1998~2013年技术创新对中国制造业集群升级的影响没有预期显著，其中，重要的原因是全国蔓延式的制造业布局，导致很多地方的制造业集群很难获得高水平的创新生态系统的支持而被"锁定"在价值链与技术链的中低端。

（3）扩大高质量内需是支持制造业集群高端化的重要动力。消费需求对中国制造业集群升级的影响不显著，说明中国的内需主要集中在中低质量产品领域，而高端产品主要依赖进口。高质量内需不足导致的结具是，一流产品外销、二流产品内销几乎成了国内一些行业的"惯例"，一些不从事出口的企业则倾向于定位在生产中低端产品。

（4）实现制造业集群高端化需要实行以市场为基础的政策倾斜。改革开放以来，中国制造业发展经历了东部优先发展到区域平衡发展的过程，政策上也相应地由倾斜转向普惠，从国家级到乡镇级的各类开发区遍地开花，并成为各地享受政策红利的主要场所，这种普惠政策的激励是中国成为世界第一制造大国的重要原因。但中国制造业集群升级重心的变换说明普惠性政策存在较大的局限性，因而需要进行新一轮政策调整，使政策更好地遵循市场的资源配置规律。

第四节　全球分工背景下中国产业集群升级的促进机制

如前所述，随着世界新一轮科技和产业革命的兴起，全球产业也进入了新一轮再分工，在此背景下，中国产业集群升级的内涵已不局限于全球价值链的升级，而是要抢占新一轮科技和产业革命的"至高点"，通过打造、培育世界级先进制造业集群来实现对发达国家的赶超。因此，全球分工背景下中国促进产业集群升级的政策必须具备"世界眼光"，以打造、培育世界级先进制造业集群为目标导向。而综观各国世界级先进制造业集群发展过程，虽然因社会发展水平、制度文化特点与集群发育所处阶段等因素差异的影响，各国产业集群在发展过程中有着不同的升级特点。但从中也可以总结一般性的规律供我们参考。

第一，大多数世界级先进制造业集群的兴起都以产业技术革命为背景。世界级先进制造业集群往往是一些地区的制造业在占领新的技术革命的"至高点"的基础上逐渐形成的。例如，传统的制造业集群之所以最先布局在欧洲与美国，是以第一次产业革命为背景，因为这一次产业革命最先在欧洲与美国完成，后来才部分转移到发展中国家；美国、德国与日本的汽车制造业集群全球领先，是因为这些国家在第二次产业革命中抢占了"至高点"；第三次产业革命的先行者优势则被美国硅谷、日本筑波、德国慕尼黑与印度班加罗尔等地的产业集群所占领。

第二，政策支持越来越成为世界级先进制造业集群发展的关键推动力量。发达国家传统制造业集群的形成与发展更多的是以市场自发演进为基础，但新兴的先进制造业集群形成与发展则越来越打上了政府政策支持的烙印，包括政府给予相应的资金、土地与基础设施等支持，以便为产业集群提供良好的公共物品、软环境与创新创业环境。例如，美国联邦政府和各州政府对本地高技术产业集群的财税优惠、研发活动的贷款优惠和高技术人才培养等方面的支持；日本加强产学研联合、促进科技成果转化、建设技术城与支持中小企业发展等方面的政策；英国对生物、电子、医药等新兴产业大规模、持续性的资金与技术投入；印度政府对电子工业与软件产业在政策和投资方面的优惠等，无一不是这些国家培育出世界级先进制造业集群的重要基础条件。

第三，世界级先进制造业集群的竞争力集中体现在形成成熟的创新生态系统。世界级先进制造业集群往往是科研、生产与教育相结合的综合体，拥有由龙头骨干企业、大学与科研院所、相关支持机构等高度集聚形成的创新生态系统，该生态系统能够加速集群成员间的知识学习和技术外溢，促进产学研协同创新的形成。例如，硅谷中有斯坦福大学、加州大学伯克利分校、圣克克拉大学、圣何塞州立大学、卡内基梅隆大学西海岸校区及相关科研机构，这些高校和科研机构通过与企业的合作，开展了大量的科研项目，为硅谷高科技创新活动提供了技术保障与人才支持；印度班加罗尔地区有班加罗尔大学、印度科学院、印度科学研究所、农科大学、国家动力研究所等教育研究设施，为该地区形成良好的创新生态系统培育出世界级的 IT 产业集群创造了条件。

参照世界级先进制造业集群培育的主要特征，中国作为"世界工厂"，制造业集群的主要差距在于创新能力、品牌价值、组织结构与制度环境等方面，导致中国制造业集群"大而不强""散而不聚"，很难体现世界级先进制造业集群所要求的"先进性"与"集群性"。因此，面对全球价值链曲线的变化趋势，中国必须跳出传统"微笑曲线"的思维逻辑，及时调整和转变思路，通过市场和政府的协同作用来培育世界级先进制造业集群。

首先，把握基本方向——从加工制造到智能制造。2017 年中国制造业产出约占世界的27%，有220多种工业产品产量位居世界第一，这既为培育世界级制造业集群奠定了良好的基础，又因大量企业处于全球价值链低端、仅仅从事加工制造而成为掣肘中国培育世界级制造业集群的"紧箍咒"。要改变这一局面，必须牢牢抓住以智能制造为核心技术的新一轮产业革命带来的机遇，充分利用中国制造业体量庞大对智能制造技术存在规模化需求的优势，以智能制造去除中国培育世界级制造业集群的"紧箍咒"，这既是中国培育世界级制造业集群的基本方向，又是中国制造业发展的唯一出路和美好前景。

其次，抓住本质要求——从技术跟随到技术引领。长期以来，作为后发国家，中国制造技术一直处于对发达国家先进制造技术的追随之中，受发达国家跨国公司战略性技术"隔绝机制"钳制，这也是中国制造业体量庞大却鲜有世界级先进制造业集群的根本原因。与以往不同的是，中国和发达国家掌握新一轮产业革命的核心技术的机会是均等的，中国完全可以通过积极研发和控制智能制造核心技术，主导新一轮技术革命。这就要求：一是改变"市场换技术"的依附策略，聚焦新一轮产业革命的生物、新能源、新材料、智能制造等关键领域，大力推进自主研发关键技术、基础性技术和共性瓶颈技术，力争在与发达国家均等机会条件下的竞争中胜出。二是重新审视国内市场对自主创新的推升作用，中国高铁、阿里巴巴与腾讯等的成功，充分说明规模化的国内市场需求对自主创新的重要性，因此，建立面向国内市场需求，同时兼顾国际市场需求的智能制造技术研发体系，更有利于自主创新的定位与实现，同时也有利于中国企业引导制定相关产业标准体系，实现技术引领。

再次，强化集群治理——从松散结构到网络化组织。新一轮产业革命正在深刻改变着传统的产业组织方式和创新组织方式，产业发展呈现强劲的网络化态势，因此，网络化发展是提升集群质量和竞争力的最佳路径。对中国而言，要在更大的空间范围培育世界级先进制造业集群，必然要求改变目前较为松散的集群行为主体之间的关系，加强它们之间的合作与互动，构建多维度、多层次的集群发展命运共同体，形成集群的网络化组织结构。这就要求：一是打造一批世界级行业领军企业，作为培育世界级先进制造业集群的基石。二是集聚上下游产业链企业，通过"补链"与"强链"，完善升级产业链条、实现全产业链协同发展。三是推动功能健全、类型丰富的集群中介组织体系建设，为集群发展添加润滑剂与黏合剂，推动形成组织共治、利益共享、合作共赢的集群网络化发展模式。四是推进制造业与现代服务业融合发展，特别是提升现代物流、金融服务、工业设计等生产性服务业的支撑水平，实现集群生产与服务功能相结合。

最后，夯实发展后劲——打造高效的创新生态系统。各国最成功的制造业集群几乎都依靠核心大学推动，拥有由核心企业、高校院所、创新人才、天使投资和创业金融等要素组成的创新生态系统。中国在培育世界级先进制造业集群的过程中，打造高效的创新生态系统同样是关键。这就要求：一是构建良好的制度环境，制度的设计要理解科技创新的跨期回报特性，形成鼓励大胆创新、包容创新的良好氛围，提高知识和资源流动效率并促进成果转化，激发人们的创新热情和创新意识。二是完善创新激励机制和创新人才培养机制，以利于形成多元化的创新主体。三是加强政产学研协同创新，逐渐形成"大学（科研院所）科研驱动产业升级"模式。

第五章 中国新型城镇化水平测度及其影响因素

要了解中国产业集群升级与新型城镇化协同推进的机制机理，司样要先对中国新型城镇化的状况做一个全面了解。新型城镇化要求不断提升城镇化建设的质量，明确城镇化必须走资源节约、环境友好之路，不仅要通过城镇化全面促进经济建设，推进产业与城镇和谐共生，也要注意节约资源、节能降耗和保护自然环境，让城市回归自然。作为根据中国实际情况和未灾发展需要提出来的新概念，如何对新型城镇化进行综合评价，国外文献相对较少，国内已有文献主要采用专家赋权法、主成分分析法、熵值法、因子分析法等数学方法从经济、人口、环境三个方面出发进行评价，但主要集中于省级层面，这就难以对全国不同城市的新型城镇化水平有一个较为全面的把握，因为即使在同一个省域内，新型城镇化的情况也是千差万别的。为了解决这一问题，我们在这里将相关分析扩展到地级市，以地级市为单位进行新型城镇化水平的测度，并基于全国空间范围进行计量分析，全面剖析影响中国新型城镇水平的基本规律，并解构其影响因素。

第一节　中国城镇化的历史进程

一、中国城镇化的阶段划分

对中国城镇化阶段的划分，不同的角度有不同的划分方法，但主要有三阶段和四阶段两类划分方法。前者主要有将中国城镇化划分为 1949～1957 年（平稳发展）、1958～1978 年（时起时落）、1979 年之后（不断上升）或 1949～1978 年（改革开放前）、1979～2000 年（加速发展阶段）、2001 年至今（快速发展阶段）三个阶段等方式；后者主要有将中国城镇化划分为 1949～1957 年（计划引领的城镇化）、1958～1977 年（城镇化停滞阶段）、1978～1995 年（城镇化恢复发展期）、1996 年以来（城镇化加速发展期）或 1949～1978 年（城乡二元结构时期）、1979～1994 年（工业城镇化时期）、1995～2013 年（土地城镇化时期）与 2014 年以来（"以人为本"和"城乡统筹"的新型城镇化时期）四个阶段等方式。

我们根据产业布局与城镇化互动的关联关系，将中国的城镇化划分为五个阶段：1949～1958 年（重工业布局引领城镇化阶段）、1959～1978 年（城镇化停滞阶段）、1979～1992 年（工业城镇化阶段）、1993～2012 年（土地城镇化阶段）、2013 年至今（新型城镇化阶段）。

1. 1949～1958 年（重工业布局引领城镇化阶段）

1949 年，中华人民共和国刚成立时，全国仅有城市 132 个，城镇人口 5770 万人，城镇化率 10.6%。1949 年至"一五"期间，以人口自由流动为基础、以 156 个苏联援建重点项目为中心，全国建制市镇增加速度很快，到 1957 年底，中国城市发展到 176 个，全国市镇总人口 9949 万，比 1949 年增长 4000 多万人。1958 年开始受"大跃进"和人民公社化运动的影响，大量农民涌进城镇，导致城镇人口急剧增加，到 1960 年底，全国城镇人口增加到 13073 万。

2. 1959~1978 年（城镇化停滞阶段）

城镇人口剧增使政府的财政压力巨大，通过控制城镇人口过快增长以减轻财政压力便成为政府的理性选择，1956~1957 年，国家连续颁发四个限制和控制农民盲目流入城市的文件；1958 年 1 月出台的《中华人民共和国户口登记条例》，事实上废弃了 1954 年宪法关于迁徙自由的规定，第一次明确将城乡居民区分为"农业户口"和"非农业户口"两种不同户籍，开始对人口自由流动实行严格限制和政府管制；1975 年，宪法正式取消了有关迁徙自由的规定。在此期间，中国多次实施了工业向小城镇甚至农村布局的策略，例如，1958 年"大跃进"期间，在全国 2195 个城镇中，几乎普遍安排了工业建设项目；20 世纪六七十年代的"三线建设"、改革开放后大力发展"乡镇企业"等都是这一策略的体现。其结果是，中国城镇化率从 1960 年的 19.75% 下降到 1978 年 17.92%，城镇化趋于停滞。

3. 1979~1992 年（工业城镇化阶段）

党的十一届三中全会以后，党和国家的工作重心转向以经济建设为中心，并将工业化发展重点由重化工业转移到轻纺工业，从而形成了乡镇企业和城市改革推动城镇化恢复和快速发展的双重力量。这个阶段的主要特点是工业化的速度远高于城镇化的速度，是由工业化带动的城镇化，并且工业化的主力是乡镇企业。与这样的工业化过程相对应，国家开始采取严格控制大城市扩张和鼓励小城市成长及发展农村集镇的新政策，通过大力发展乡镇企业来支撑小城市（镇）发展。1984 年和 1986 年国家先后放宽建制市镇的标准，建制市镇的数量大量增加。1992 年全国建制市达到 517 个，比 1978 年的 190 个增加了 327 个，建制镇由 1978 年 2173 个增加到 1992 年的 14539 个。城镇人口增加到 24017 万，城镇化水平由 1978 年的 17.92% 上升到 1992 年的 27.46%。

4. 1993~2012 年（土地城镇化阶段）

在"工业城镇化"阶段，地方政府通过"大办企业"推动了中国经济的快速发展。但在 1993 年以后，开发区建设成为了城镇化的三力军，这个阶段的主要特点是城镇空间迅速扩张，土地财政规模增长迅速，城市建设用地问题是整个城镇化发展的关键所在。事实上，20 世纪 80 年代初期，开发区最先出现在沿海开放城市，后来逐步向中西部推广。1992 年之后，中国开发区建设进入了快速发展时期，随着各级政府纷纷建立地方性的开发区，在全国范围内掀起了设立开发区的热潮，各种类型、各种级别的开发区迅猛发展。至 2015 年底，国家级开发区达 364 家（高新区 145 家，经开区 219 家），另外，还有数量庞大的省级、地市级、县级、镇级开发区，星罗棋布于全国各地，开发区的功能也由最初的吸引外资，逐渐演变为工业化与城市化的主要场所。2011 年，中国城镇人口首次突破一半，达到 51.27%，到 2012 年底城镇人口进一步增加到 71182 万人，城镇化率达到 52.57%，超过了全世界的平均水平。

5. 2013 年至今（新型城镇化阶段）

"土地城镇化"阶段是中国城镇化速度发展最快的阶段，但由于实施的是土地先行策略，这一阶段出现了许多城镇空间低质扩张所谓的"空城""鬼城"，于是如何推动城镇化由"量"到"质"发展成为了新时期城镇化的关键。2012 年召开的中国共产党第十八次全国代表大会肯定了"新型城镇化"的概念，党的十八届三中全会又进一步提出"走中国特色、科学发展的新型城镇化"道路。2014 年，《国家新型城镇化规划（2014-2020 年）》出台，明确要努力走出一条以人为本、四化同步、优化布局、生态文明、文化传承的中国特色新型城镇化道路，标志着中国城镇化进入了以质量提升、以解决"人"的问题为核心的城镇化新阶段。

二、中国城镇化取得的成就

自中华人民共和国成立以来，尤其是改革开放之后，中国的城镇化取得了举世瞩目的成就，只是，这种成就主要体现在"量"的方面。

1. 中国的城镇化是世界上迄今规模最大的城镇化

从 1949~1978 年，中国的城镇化发展并不顺利，城镇化率从 10.6% 仅增长到 17.92%。改革开放 40 多年来，随着中国工业化、现代化加速发展，中国城镇化取得了巨大成就，改革开放 40 年是中国城镇化发展速度最快、发展质量最好、发展态势最平稳的 40 年。2018 年，中国城镇常住人口 83137 万人（比 1949 年 5770 万人增长了 7.7 亿人），城镇化率达到 59.58%，其中，1979~2018 年，每年新增城镇人口 2100 万人，相当于欧洲一个中等收入国家的人口，中国经历了迄今为止世界上规模最大的城镇化，而且这一过程还在继续。

2. 形成了日益完善的市镇体系

目前，中国大中小城市与小城镇体系基本形成。载至 2017 年底，中国城市数量达 661 个，初步形成了"661 个城市+20000 多个建制镇"的市镇体系，其中，661 个城市中，上海、北京、广州、深圳、天津、重庆等 16 个城市市区人口超过 500 万，另有 25 个城市人口介于 300 万～500 万，271 个城市人口为 50 万～300 万，50 万人以下城市 349 个。近年来随着中国城镇化水平持续提高，城市群、城市圈发展格局也正在形成，根据"十三五"规划部署，中国要在"十三五"期间建设 19 个国家级城市群，包括建设京津冀、长三角、珠三角世界级城市群，提升山东半岛、海峡西岸城市群开放竞争水平，培育中西部地区城市群，发展壮大东北地区、中原地区、长江中游、成渝地区、关中平原城市群，规划引导北部湾、晋中、呼包鄂榆、黔中、滇中、兰州—西宁、宁夏沿黄、天山北坡城市群发展，形成更多支撑区域发展的增长极。

3. 成为中国保持经济持续发展的强大引擎

城镇化水平持续提高，会使更多农民通过转移就业提高收入，通过转为市民享受更好的公共服务，从而使城镇消费群体不断扩大、消费结构不断升级、消费潜力不断释放，也会带来城市基础设施、公共服务设施和住宅建设等巨大投资需求，将为经济发展提供持续的动力。根据郑鑫（2014）的估算，改革开放初期城镇经济对经济增长的贡献率不及乡村经济，从 1991 年开始，城镇经济对经济增长的贡献率大幅度提高：1991～2003 年，城镇化对经济增长的贡献率为 50.2%，年均拉动经济增长 5.1 个百分点；2004～2012 年，城镇化对经济增长的贡献率为 46.5%，年均拉动经济增长 4.5 个百分点。另外，城镇化是中国保持经济持续发展的强大引擎，从东南沿海的发展中就得到印证，"京津冀、长江三角洲、珠江三角洲三大城市群，以 2.8% 的国土面积集聚了 18% 的人口，创造了 36% 的国内生产总值[①]"，成为带动中国经济快速增长和参与国际经济竞合的主要平台。

三、中国城镇化存在的主要问题

中国城镇化在"量"的方面取得巨大成就的同时，在城镇化"质"的方

[①] 资料来源：《国家新型城镇化规划（2014-2020 年）》。

面还存在较大的问题，这也是中央提出"新型城镇化"战略的缘由。

1. 空间城镇化快于人口城镇化

在快速"土地城镇化"的背景下，中国出现常住人口城市化率远高于户籍人口城镇化率的情况，国家统计局数据显示，2018年，中国常住人口与户籍人口城镇化率相差达到16.21%，与此同时，人户分离的人口仍然高达2.86亿人。其结果是，一方面，正如郑鑫（2014）认为，在目前的制度环境下，城镇土地扩张和城镇建设对经济增长的拉动力明显大于城镇人口增长的拉动力；另一方面，一些地区产业低聚集度与城镇空间无序扩张的现象十分严重，土地浪费惊人，"空城""睡城""死城"等现象频现，根据标准排名研究院推出的针对658个设市城市的2015年度"鬼城"指数排行榜，虽然问题最为严重的是西部地区，但东部与中部地区也有不少的"鬼城"，说明中国城镇化发展模式的粗放性，在城镇建设管理方面仍然存在较多问题。

2. 城镇规模结构不合理

关于中国城镇化道路，历来有大城市重点论与小城镇重点论之争，大城市重点论认为，大城市的集聚效应会带来更高的规模收益、更多的就业机会、更强的科技进步动力和更大的经济扩散效应；小城市重点论则认为，小城镇更符合中国国情，并能有效地缓解大中城市人口膨胀的压力。但事实上，无论是大城市的发展还是小城镇的发展，都面临着发展难题：一是大城市。快速空间城镇化导致大城市出现了许多"城中村"与"棚户区"，给城市的健康发展带来诸多隐患。同时，人口大规模聚居于大城市，导致大城市的人口密度居高不下。大城市核心区人口过多、密度过大，必然导致"大城市病"。二是小城市（镇）。受户籍门槛与限制人口向大城市流动的相关政策影响，相比于大中城市的高迁移成本，农村人口更倾向于迁入迁移成本较低的小城市（镇），导致小城市（镇）由农村人口主导，呈现"半城半乡"景象。同时，小城市（镇）发展缺乏产业支撑，经济缺乏活力，难以从产业上支撑人口快速增长。Henderson（2013）在一份名为《中国的城市化：面临的政策问题和选择》的课题报告中指出，中国人口规模在200万~700万的城市数量太少，而人口规模在10万~100万人的城市太多。综上，可见中国城镇化的道路已不适宜大城市重点论或小城镇重点论，目前最为缺乏的是150万~300万人口以上集约发展的工商业城市，因而在未来的一段时间内应该大力发展中等城市，从而形成大中小城市协调发展的格局。

3. 生态环境面临严峻挑战

在快速、粗放的城镇化过程中，许多地区不顾资源环境承载能力，将城镇扩张、新城新区建设和土地资源大面积开发作为城镇化发展的主要途径。结果有两点，其一，急速的城镇化发展，人口密度大幅增长，生活污水排放亦逐年增加，污染土地及水资源，生活垃圾等固体废物只有小部分循环再造，大部分都是被填埋、焚化，在处理过程中又会对周遭环境造成负面影响；其二，在工业发展初期往往会忽视能源效益和缺乏污染防治措施，导致六规模的土地及水资源受到污染，威胁生态空间。从总体来看，中国环境污染形势严峻，雾霾天气多发、城市河道水体黑臭、"垃圾围城"、土壤污染、危废处置以及农村环境污染等问题突出，污染治理任重道远。城镇化建设中用地失控严重、城镇区域环境质量下降、生态破坏较为普遍等诸多问题，使推进新型城镇化成为新时期城镇化的必然要求。

第二节　新型城镇化评价指标体系构建

一、指标选取

与传统城镇化不同，新型城镇化是新的历史时期着眼于质量提升而提出来的城镇化新模式，涉及经济、社会、人口和环境等诸多方面。为全面动态地反映新型城镇化发展水平及其变化趋势，借鉴赵永之与徐盈之（2014）所构建的指标体系，同时也参考中国城市经济学会、中国社会科学院及国外关于衡量城市发展指标体系的研究成果，从不同维度综合考虑，最终建立包含新型城镇化的资源环境质量、基本公共服务、人口发展水平和经济支持能力四个层面36 个具体指标的新型城镇化综合评价指标体系（见表 5-1）。

表 5-1   新型城镇化发展水平的综合评价指标

目标层	准则层	具体指标	单位	预期变动情况
新型城镇化建设指数	新型城镇化的资源环境质量	工业废水排放量	吨/人	(-)
		工业二氧化硫排放量	吨/人	(-)
		工业烟尘排放量	吨/人	(-)
		工业固体废物综合利用率	%	(+)
		城市生活垃圾无害化处理率	%	(+)
		森林覆盖率	%	(+)
		人均自然区保护面积	平方米/人	(+)
		人均绿地面积	平方米/人	(+)
		建成区绿化覆盖率	%	(+)
	新型城镇化的基本公共服务	公共财政支出	元/人	(+)
		城镇小学和初中师生比	%	(+)
		每百人公共图书馆藏书	册、件	(+)
		每万人拥有公共汽电车	辆	(+)
		城市交通公交车辆运营数	台/万人	(+)
		信息化水平	指数	(+)
		单位人口拥有职业医生数	人/千人	(+)
		单位人口拥有医疗机构床位数	张/千人	(+)
		人均房屋建筑竣工面积	平方米/人	(+)
		城镇常住人口基本养老保险覆盖率	%	(+)
		城镇常住人口基本医疗保险覆盖率	%	(+)
		城镇常住人口失业保险参保率	%	(+)
	新型城镇化的人口发展水平	城乡消费水平比	%	(-)
		人口密度	人/平方公里	(+)
		常住城镇人口比重	%	(+)
		户籍城镇人口比重	%	(+)
		城镇登记失业率	%	(-)
		单位从业人员	万人	(+)
		二产从业人员占比	%	(+)
		三产从业人员占比	%	(+)

续表

目标层	准则层	具体指标	单位	预期变动情况
新型城镇化建设指数	新型城镇化的经济支持能力	职工平均工资	元	（+）
		城镇人均可支配收入	元/人	（+）
		社会固定资产投资完成额	万元	（+）
		地方财政预算内收入	万元	（+）
		地方财政预算内支出	万元	（+）
		人均GDP	元/人	（+）
		当年实际使用外资金额	万美元	（+）

二、指标解释

根据党的十八大对新型城镇化内涵的界定，未来的城镇化应该是一条"量"与"质"并举，同时更侧重于"质"的发展的道路。这种"质"不仅体现在城镇是中国经济发展的主要载体，更重要的是，在这一过程中既要推进产业与城市和谐共生，又要注意节约资源，节能降耗，保护自然环境，让城市回归自然；同时还要以人为本，提高城镇和农村居民的生活水平和品质，使整个社会在经济、服务功能、生态环境等方面得到实实在在的质的飞跃。因此，我们从资源环境质量、基本公共服务、人口发展水平和经济支持能力四个层面对新型城镇化水平进行测度。

1. 资源环境质量

新型城镇化更倾向于"绿色环保""低碳节约"的发展理念，要求充分考虑城镇化过程中的资源与环境承载能力，因而循环经济和绿色低碳是新型城镇化的重要标志。尤其是在现阶段，粗放的城镇化带来了较为严重的资源环境问题，将资源环境问题作为新型城镇化发展的重要方面进行考虑，是区别于传统城镇化的重要依据。工业废水、废气排放量能够直接反映城市发展中的空气质量和水源质量，工业固体废物综合利用率、城市生活垃圾无害化处理率可以有效测度城市发展中对工业固体废物与生活垃圾的处理情况。森林覆盖率、人均自然区保护面积、人均绿地面积与建成区绿化覆盖率等指标可以较好地反映城镇化过程中对生态的保护程度。

2. 基本公共服务

新型城镇化建设大力倡导人本观念，能够为城镇人口提供高质量且均等化的公共服务是体现这一观念的重要基础。正如余江和叶林（2018）指出："经验表明，单纯依赖大量人口涌入城市的传统城镇化模式容易导致在城镇化过程中忽视相应的公共服务问题，并产生严重的城市病。"公共财政支出、城镇小学和初中师生比、每百人公共图书馆藏书、每万人拥有公共汽电车、城市交通公交车辆运营数、信息化水平、单位人口拥有职业医生数与医疗机构床位数、人均房屋建筑竣工面积、城镇常住人口基本养老保险与基本医疗保险覆盖率、城镇常住人口失业保险参保率等指标能够较好反映出人们教育、医疗和社会保障等最重要、最基础的社会公共服务问题。

3. 人口发展水平

传统城镇化最大的问题是忽略了"人"，工业化和城镇空间扩张速度远高于城镇人口的增长速度，导致大量的城镇土地低效利用，同时也导致大量人口处于"半城镇化"境地，难以完全享受来自城镇化的福利。"人口发展水平"维度主要体现在新型城镇化过程中人口城镇化方面的基本状况，既要体现出农村人口向城市集中转移的速度和水平，又要表现出城镇化进程中居民的生活质量。常住城镇人口比重、户籍城镇人口比重与人口密度等指标反映了人口城镇化的发展速度，而城乡消费水平比、城镇登记失业率、单位从业人员、第二产业从业人员占比、第三产业从业人员占比等指标较全面地体现出了城镇居民的生活质量。

4. 经济支持能力

产业的可持续发展不仅是新型城镇化建设的有力支撑，同时也是推动城镇化进程的基本力量。钱纳里和赛尔奎因（1989）曾概括工业化与城市化关系的一般变动模式：随着人均收入水平的提高，工业化的演进导致产业结构的转变，带动了城市化程度的提高。世界工业化与城镇化的关系史说明，工业化与城镇化之间有着内在的耦合关系。当然，随着城镇化的推进，由于城镇的不同定位，尽管部分城镇的主要产业不是工业而是服务业，但城镇化仍然是以经济增长作为支撑的。职工平均工资、城镇人均可支配收入、社会固定资产投资完成额、地方财政预算内收入、地方财政预算内支出、人均 GDP、当年实际使用外资金额等指标较好地体现一个地区的经济创造力与可持续增长的潜力。

三、新型城镇化指数合成

对各项指标赋权以合成新型城镇化指数时，为有效消除指标本身所含的不确定性以及赋权过程中主观因素的影响，这里采用熵权赋值法。"熵"作为对不确定性的一种度量，所含信息量越大，其值越小，不确定性就越小。熵权法主要是利用模糊综合评价矩阵和各因素的输出熵来确定各因素的权重，从而消除赋权过程中的主观因素，是一种客观赋权的方法，具体计算步骤如下：

首先，运用极值标准化法对数据进行标准化处理，包括正向指标和逆向指标。

正向指标：

$$X_{ij} = \frac{a_{ij} - \min\{a_{ij}\}}{\max\{a_{ij}\} - \min\{a_{ij}\}}, \quad (i=1,2,\cdots,m; j=1,2,\cdots,n) \qquad (5-1)$$

逆向指标：

$$X_{ij} = \frac{\max\{a_{ij}\} - a_{ij}}{\max\{a_{ij}\} - \min\{a_{ij}\}}, \quad (i=1,2,\cdots,m; j=1,2,\cdots,n) \qquad (5-2)$$

其次，计算第 i 个指标在第 j 项指标中所占比重：

$$p_{ij} = \frac{x_{ij}}{\sum\limits_{i=1}^{m} x_{ij}} \qquad (5-3)$$

得到比重后，确定第 j 项的指标值：

$$e_{ij} = -\frac{1}{\ln N} \sum\limits_{i=1}^{m} (p_{ij} \ln p_{ij}) \qquad (5-4)$$

其中，N 表示地区个数且 $e_j \subseteq [0,1]$。

再次，确定 j 项指标的值：

$$g_j = 1 - e_j \qquad (5-5)$$

计算第 j 项指标权重：

$$W_j = \frac{g_j}{\sum\limits_{j=1}^{n} g_j} \qquad (5-6)$$

最后，合成新型城镇化指数：

$$Nurb_i = \sum_{j=1}^{m} w_j a_{ij} \qquad (5-7)$$

第三节　中国新型城镇化水平及其空间演化

一、数据来源和处理

测度城市新型城市化水平的主要数据来自《中国城市统计年鉴》，还有部分数据来自《中国能源统计年鉴》《中国环境统计年鉴》《中国卫生统计年鉴》《中国统计年鉴》《中国人口普查分县资料》《中国人力资源和社会保障年鉴》等，另外，还有一些补充数据从各城市不同年度的工作报告中查得。我们的分析数据主要涉及各地级及以上城市，但由于有 61 个城市存在缺失值，予以删除，最后计算 224 个城市的新型城镇化水平指数，时间跨度为 2005~2013 年。

二、中国新型城镇化总体发展水平

1. 测度结果

采取上述指标体系和计算方法，可以计算 224 个城市的新型城镇化水平指数（用 Nurb 指数表示）。为了更好地分析全国新型城镇化总体水平的变化情况，这里定义低水平、中低水平、中高水平与高水平四个新型城镇化等级（见表 5-2）。

表 5-2　新型城镇化等级划分

序号	新型城镇化水平	等级	序号	新型城镇化水平	等级
1	Nurb ∈ [0, 0.2]	低水平	3	Nurb ∈ (0.35, 0.5]	中高水平
2	Nurb ∈ (0.2, 0.35]	中低水平	4	Nurb ∈ (0.5, ∞)	高水平

通过对各项指标赋权合成新型城镇化指数，我们可以得到全国 224 个城市新型城镇化发展的基本情况，表 5-3 列出了 2005 年、2007 年、2009 年、2011 年和 2013 年的描述性统计结果。

表 5-3 测度结果的描述性统计

类别 年份	新型城镇化指数				等级（个）				样本量
	Mean	Std	Min	Max	高	中高	中低	低	
2005	0.321	0.144	0.111	0.860	4	17	88	115	224
2007	0.386	0.145	0.128	0.888	6	31	110	77	224
2009	0.379	0.138	0.174	0.991	6	23	122	73	224
2011	0.378	0.147	0.184	1.009	8	21	119	76	224
2013	0.411	0.134	0.217	0.974	8	26	138	52	224

根据表 5-3 的测度结果，从平均意义上来看，2013 年的新型城镇化指数相对 2005 年有明显的提升，从 0.321 增长到了 0.411，说明这段时期中国城镇化的质量在快速提升。另外，从城市的新型城镇化等级来看，2005~2013 年，高等级的城市由 4 个增加到 8 个，而低等级的城市则由 115 个减少到 52 个，同样说明这段时期中国城镇化的质量是以较快速度提升的。

2. 进一步的分析

我们的新型城镇化指数是由资源环境质量、基本公共服务、人口发展水平和经济支持能力四个层面的相关指标赋权合成。根据计算结果，对中国新型城镇化指数贡献大小依次是经济支持能力、人口发展水平、基本公共服务和资源环境质量。说明 2005~2013 年中国的城镇化主要是由经济增长带动的，而人口发展水平与基本公共服务的发展则相对滞后，同时在经济增长的过程中，对生态环境产生了较大的负面影响。当然，在不同的地区，资源环境质量、基本公共服务、人口发展水平和经济支持能力四个方面的影响并不完全一致，对这种地区差异我们将接下来进一步分析。

三、中国新型城镇化发展水平的空间演化

根据不同城市的 Nurb 指数，我们可以绘制 2005 年、2007 年、2011 年和

2013 年全国 224 个城市的新型城镇化空间等级分布 GIS 图①。

首先，从总体上来看，2005~2013 年，全国新型城镇化的总体格局没有明显变化，一直符合胡焕庸线②划分的空间格局。在胡焕庸线东南侧全国43.18%的国土面积上，集聚了全国 90% 以上的人口和 90% 以上的 GDP，压倒性地显示出高密度的经济、社会功能，这部分国土的城镇密度较大，而且新型城镇化水平较高，尤其是东南沿海的珠三角、长三角与环渤海地区，表现得尤为突出；而在胡焕庸线西北侧则地广人稀，受生态胁迫，其发展经济、集聚人口的功能较弱，总体以生态恢复和保护为主体功能，这部分国土的城镇密度较小，而且新型城镇化水平也低。

其次，2005~2013 年，中国城市的新型城镇化级别以中低和低为主，说明全国城镇化的质量总体水平并不高，但在这一过程中，中低级别的城市在不断增加，而低级别的城市在不断减少，说明全国城镇的质量有了一定程度上的提升。其中，高水平新型城镇化的城市分布于东部地区，2005 年为深圳、上海、广州与北京 4 个城市，2011 年，苏州、厦门、大连与天津 4 个城市也实现了高水平新型城镇化，而这 8 个城市均位于东部。中西部地区城市的新型城镇化级别除了克拉玛依、武汉、成都、西安、呼和浩特、太原、银川、昆明、乌鲁木齐、长沙与包头之外，少数城市到 2013 年新型城镇化级别达到中高级别，其他城市的新型城镇化级别均为中低或低两个级别。值得注意的是，与 2005 年相比，2013 年中部地区城市的新型城镇化级别由低到中低的比较多，说明这段时期，虽然中部地区的新型城镇化质量没有东部地区高，但提升的速度也比较快。

最后，关于资源环境质量、基本公共服务、人口发展水平和经济支持能力四个方面对新型城镇化的影响，地区之间、省域之间都存在一定差异。地区之间，东部地区城市大多数得分较高的是经济支持能力与人口发展水平，得分相对较低的是资源环境质量；中部地区城市 4 个方面的得分普遍都不太高，但资

---

① 图略，读者如有兴趣，欢迎直接向作者索取。

② 胡焕庸线（Hu Line，或 Heihe-Tengchong Line，或 Aihui-Tengchong Line），即中国地理学家胡焕庸在 1935 年提出的划分我国人口密度的对比线，最初称"瑷珲—腾冲一线"，后因地名变迁，先后改称"爱辉—腾冲一线""黑河—腾冲一线"。"胡焕庸线"在某种程度上也成为城镇化水平的分割线。这条线的东南各省区市，绝大多数城镇化水平高于全国平均水平；而这条线的西北各省区市，绝大多数低于全国平均水平。

源环境质量的得分大都偏低；西部地区城市的情形相对比较复杂，直辖市重庆和省会城市成都、西安等的经济支持能力与人口发展水平得分稍高一些，但一般的地级城市在这些方面的得分偏低，相对较高的是资源环境质量得分，特别是一些重工业较少，以旅游业发展为主的城市，资源环境质量得分明显比其他城市要高。省域之间，经济支持能力、人口发展水平与基本公共服务得分存在一致性，大体上来说，北京、上海和广东、江苏的城市得分普遍较高，天津、重庆和辽宁、安徽、浙江、福建、湖南、湖北、河南、江西的城市得分居于中间，而内蒙古、青海、吉林、宁夏、山西、广西、新疆、云南、甘肃、贵州的城市在这方面的得分相对居后；在资源环境质量得分方面，全国大多数城市得分都不高，但海南、浙江、山东、广西、湖北、江西、云南、贵州的城市得分还是相对高一些。

综上可以得到 2005～2013 年中国新型城镇化的基本情况：第一，根据 *Nurb* 指数，大多数中国城市的城镇化质量一直处于上升通道；第二，总体上，大多数中国城市的城镇化质量仍处于较低水平，中国城镇化需要解决的核心问题是如何提升城镇化的质量而不是数量；第三，相比较而言，东部和中部地区的资源环境问题更为突出，而西部地区城镇化更需要依赖经济增长与提升基本公共服务。

第四节　中国新型城镇化水平的影响因素

一、影响因素指标选取

一般来说，新型城镇化的影响因素可以从内部因素、外部因素、政府因素以及市场因素四个方面来进行分析。由于内部因素的影响已经在 *Nurb* 指数中得到了体现，这里主要分析不同城市间的外部因素、政府因素以及市场因素对新型城镇化水平的影响，经过筛选，并参考有关文献，我们最终选取以下六个影响因素进行分析。由于部分影响因素的具体计算方法在上一章已经详细分析过，这里只简单进行表述。

具体而言，六个影响因素包括基础设施（INF）用市辖区人均铺装道路面积表示；人力资本（HUMCAP）用城市人均受教育年限表示；对外开放程度（OPEN）用城市制造业企业当年实际使用外资金额进行度量，并取对数；房价水平（HP）用城市商品房平均销售价格表示，并取对数；城市创新投入（TEC）用地方政府财政支出中用于科学技术的经费支出占财政支出的比例进行度量；工业集聚度（ICD）用城市制造业总产值占全国制造业总产值的比重表示。

二、模型构建与数据来源

为了研究中国新型城镇化的影响因素，根据以上分析设定计量模型如下：

$$Nurb_{it} = \beta_0 + \beta_1 INF_{it} + \beta_2 HUMCAP_{it} + \beta_3 OPEN_{it} + \beta_4 HP_{it} + \beta_5 TEC_{it} + \beta_6 ICD_{it} + \varepsilon_{it}$$

$$(5-8)$$

在式（5-8）中，被解释变量 $Nurb_{it}$ 表示城市 i 在 t 时期的新型城镇化指数，$\beta_0 \sim \beta_6$ 分别表示常数项与各影响因素相对应的系数，ε_{it} 表示随机误差项。

由于我们只计算全国 224 个城市的新型城镇化指数，所以使用 2005~2013 年全国 224 个地级市面板数据进行实证分析。样本数据主要来自三个数据集《中国工业企业数据库》《中国城市统计年鉴》和《中国区域统计年鉴》，被解释变量 $Nurb_{it}$ 指数为本章计算所得。变量的描述性统计如表 5-4 所示。

表 5-4　变量的描述性统计

variable	N	mean	sd	min	max
新城镇化指数（Nurb）	2546	0.3750	0.14165	0.1106	1.0089
工业集聚度（ICD）	1998	0.04109	0.06658	1.182e-04	0.6965
人力资本（HUMCAP）	1998	0.08764	0.03457	0.01124	0.7724
城市创新投入（TEC）	1998	0.1628	0.2722	7.459e-04	6.2500
基础设施（INF）	2538	10.053	6.8494	0.02000	108.37
对外开放程度（OPEN）	2433	9.5966	1.8533	2.9444	14.336
层价水平（ln HP）	2537	7.9680	0.5422	5.4491	10.102

同时，我们还进一步对变量的相关性进行了分析，其结果如表 5-5 所示，从中可以看出，主要变量之间的 Pearson 相关系数中除了 HUMCAP 和 TEC 的相关系数不显著以外，其余相关系数均通过 1% 水平的统计检验；在 Spearman 相关系数中除了 TEC 和 ICD 的相关系数不显著以外，其余相关系数也通过 1% 水平的统计检验，这些结果初步支持了前文的分析，但更为严谨的证明还需要通过控制其他可能影响结果的因素进行多元回归分析来得到。

表 5-5　变量相关系数

variable	Nurb	ICD	HUMCAP	TEC	INF	OPEN	ln HP
Nurb	1	0. 391 ***	0. 181 ***	0. 0431	0. 292 ***	0. 408 ***	0. 157 ***
ICD	0. 588 ***	1	0. 0355	0. 469 ***	0. 457 ***	0. 730 ***	0. 512 ***
HUMCAP	0. 218 ***	0. 0792 ***	1	−0. 0824 ***	0. 0109	0. 0456 *	−0. 0538 *
TEC	0. 170 ***	0. 299 ***	0. 0100	1	0. 373 ***	0. 539 ***	0. 629 ***
INF	0. 359 ***	0. 353 ***	0. 137 ***	0. 188 ***	1	0. 539 ***	0. 442 ***
OPEN	0. 451 ***	0. 613 ***	0. 0543 *	0. 334 ***	0. 431 ***	1	0. 617 ***
ln HP	0. 294 ***	0. 505 ***	0. 0795 ***	0. 386 ***	0. 379 ***	0. 624 ***	1

注：左下方、右上角分别报告 Pearson 和 Spearman 相关系数，* 表示 $p<0.05$，** 表示 $p<0.01$，*** 表示 $p<0.001$。

三、回归结果及解释

表 5-6 报告了新型城镇化影响因素的估计结果。可以看出：

（1）工业集聚度对新型城镇化的影响为正，并且通过 1% 的显著性水平检验。说明对于绝大多数城市的新型城镇化来说，制造业的发展与聚集仍然是不可或缺的支撑力量。

（2）人力资本对新型城镇化的影响呈 "U" 型，并且通过 10% 的显著性水平检验。人力资本对新型城镇化的影响是一个先降后升的过程，说明新型城镇化存在一个关于人力资本的 "拐点值"，在该 "拐点值" 前，城市人力资本对新型城镇化的影响为负，超过该 "拐点值"，城市人力资本对新型城镇化的影响转而为正。对此可能的解释是，在城镇化初期，城镇处于粗放扩张期，产业的低端化使人力资本的作用难以得到凸显，因而影响不显著甚至为负。但随着城镇化的推进，工业化也快速发展，产业的技术含量大幅度提升需要较高水平的人力资本支持，城市人力资本越高工业化的速度越快，人力资本对新型城镇化的作用越凸显，两者逐渐呈现明显的正相关关系。

（3）创新投入对新型城镇化的影响呈"U"型，并且通过5%的显著性水平检验。与人力资本对新型城镇化的影响类似，创新投入对新型城镇化的影响同样也是一个先降后升的过程，对此可能的解释是，在城镇化初期，创新投入的增加有可能形成对城镇其他方面（如基础设施、经济项目或公共产品等）投入的挤占，在资金总量有限的情况下，创新投入对城镇化的作用就不明显甚至负相关，但随着城镇化的推进，产业升级与城镇的智慧管理都依赖于技术创新的支持，或者说技术升级已经成为了城镇化质量提升的关键，创新投入对新型城镇化的影响转而为正。

（4）基础设施对新型城镇化的影响为正，并且通过1%的显著性水平检验。表明基础设施越好，城镇化的质量就越高。

（5）经济开放度对新型城镇化的影响为正，并且通过1%的显著性水平检验。表明经济开放度越高，城镇化的质量就越高。

（6）房价对新型城镇化的影响呈倒"U"型，并且通过1%的显著性水平检验。表明房价对新型城镇化的影响是一个先升后降的过程，对此可能的解释是，在城镇化初期，房价的上涨有利于地方政府从中获取更多的土地出让收入和与房地产有关的税收收入，增加的土地财政收入可以使地方政府加大对城镇化的投资规模，因而房价与新型城镇化正相关。但土地财政也会带来诸多负面影响：一是加重政府债务负担，导致城镇化资金投入不可持续。因为银行贷款为地方政府举债的主要形式，土地财政收入越高，地方政府通过土地抵押越容易获得银行贷款，结果导致债务规模升高。二是增加企业生产成本，降低当地企业的市场竞争力。近年来，一个基本的事实是随着中国沿海地区的生产生活成本上升，一些生产制造企业纷纷向内地和东南亚国家转移。正是土地财政的这些负面影响，使城镇化推进到一定程度后，这种负面影响会超过土地财政收入的正面影响，最终使得房价与新型城镇化呈现负相关关系。

表 5-6　新型城镇化影响因素回归结果

变量	模型 1	模型 2	模型 3	模型 4	模型 5	模型 6
工业集聚度	0.5220 ***	0.5109 ***	0.5300 ***	0.5161 ***	0.4702 ***	0.3352 ***
	(0.0374)	(0.0375)	(0.0382)	(0.0386)	(0.0373)	(0.0382)
人力资本		-0.1980 ***	-0.1963 ***	-0.2106 ***	-0.1963 ***	-0.1166 *
		(0.0622)	(0.0617)	(0.0616)	(0.0614)	(0.0598)
人力资本平方		0.2769 ***	0.2752 ***	0.2932 ***	0.2676 ***	0.1667 *
		(0.0937)	(0.0929)	(0.0928)	(0.0913)	(0.0888)
创新投入			-0.0269 ***	-0.0268 ***	-0.0229 ***	-0.0122 **
			(0.0053)	(0.0053)	(0.0051)	(0.0050)
创新投入平方			0.0064 ***	0.0064 ***	0.0055 ***	0.0035 ***
			(0.0012)	(0.0012)	(0.0011)	(0.0011)
基础设施				0.0008 ***	0.0009 ***	0.0009 ***
				(0.0002)	(0.0002)	(0.0002)
经济开放度					0.0113 ***	0.0093 ***
					(0.0010)	(0.0010)
ln 房价						0.3304 ***
						(0.0304)
ln 房价平方						-0.0203 ***
						(0.0019)
N	1989	1989	1989	1986	1935	1935
R^2	0.899	0.900	0.902	0.902	0 910	0.916
R^2_a	0.886	0.887	0.889	0.889	0 898	0.905

注：因变量：新型城镇化指数，*** 表示 $p<0.01$，** 表示 $p<0.05$，* 表示 $p<0.1$。

第五节　全球分工背景下中国新型城镇化的推进机制

在全球分工背景下，走集约、绿色、低碳、以人为本的新型城镇化道路，是中国城市嵌入世界城市网络的必然选择。在这一过程中，一定要注意的是，城镇化的重点不是速度、规模和"均衡发展",而是以符合城市化发展规律为导向的质量问题。根据全球权威机构 GaWC 发布的 2018 年世界城市排名,中国 11 座城市进入前 100 位,分别是中国香港、北京、上海、中国台北、广州、深圳、成都、杭州、天津、南京和武汉。另外,根据 GaWC 的世界级城市名册关于世界一、二、三、四线城市的权威排名,中国香港、北京、上海、中国台北、广州和深圳六座城市进入世界一线城市,其中,中国香港、北京、上海为世界一线强市,而中国台北、广州则为一线中等城市,深圳为一线弱等城市;其次,成都、杭州、天津、南京、武汉、重庆、苏州、大连、厦门、长沙、沈阳、青岛、济南位列世界二线城市,成都和杭州被列为二线强城市,天津、南京、武汉被列为世界二线中等城市,重庆、苏州、大连、厦门、长沙、沈阳、青岛、济南八座城市被列为二线弱等城市;另外,西安和郑州被列为世界三线强城市,昆明和合肥则被列为三线中等城市,福州被列为三线弱等城市。这些情况说明,中国的城镇化已经取得了辉煌的成就,在世界城市网络体系中有了突出的地位。只是,要使中国城市更好地嵌入世界城市网络体系,还有一系列工作需要积极推进:

(1)以打造世界级城市和城市群为重点,构建大中小城市分工明晰的城镇体系。从国际经验来看,一个国家的城市层级并无统一的模式,既有澳大利亚、日本等国的"倾斜式"发展模式,又有多中心均衡发展的德国模式,因此,中国的城市层级构建必须符合自身的特点。一方面,作为世界上人口最多、经济总量排名第二的国家,打造世界级城市和城市群,理应成为中国新型城镇化的重点,通过空间规模集聚、分工协同等相互作用,形成具有"世界眼光"的城市区域系统,引领城镇化质量的提升。另一方面,基于中国一个省的人口规模就已达到或超过英、法、德、意等一些发达国家的人口规模的现实,我们认为中国大多数省份的人口规模有建立一个完备的城市层级的内在需要,因此,要尽可能避免形成过度拥挤的超大城市,同时避免中小城镇的无序扩张,形成分工清晰的四个层次城市层级:一个 500 万~1000 万人口的省城;几个 100 万~300 万人口的非省会地级市与少量优势明显的县级市;多个 10 万~20 万人口的县城;众多 2000 人口以上的小镇。其中,非省会地级市与少量优势明显的县级市应该成为以工商业为主的战略支点,通过这些战略支点带动县城与小城镇的发展。

（2）树立以人为本的城镇化思路。由于新型城镇化的主体是要解决人的问题，因此，对外充分考虑人口迁移的特点，对内着力打造优越的人居环境，是新型城镇化的关键。目前，在中国新型城镇化过程中面临两大人口迁移特点：一是部分农民工已经随着产业转移从东部沿海向中西部"回流"。二是新一代农民工已经从第一代农民工的"生存型迁移"向"发展型迁移"转变，他们的知识技能水平更高、留在城镇定居的愿望也更为强烈。在就业选择上，不同于第一代农民工，新生代农民工纷纷从建筑、批发零售等行业退出，而更倾向于向制造业集中。因此，应采取积极措施，以生产资源与社会资源流向为指引，引导农民工向制造业发展较快的非省会地级市与少量重点县级市迁移，以提高这些城市的区域产业承载能力，支撑这些地方的现代工商业发展。同时，采取必要措施，引导部分农民工向县城与小城镇迁移，支撑发展农产品加工业并活跃城乡服务业。同时，每一个城镇内部，地方政府不仅要建造"美丽城市"与"生态城镇"，也应坚决取消和杜绝各项对农民工的歧视性政策，给进城务工者以平等的市民待遇，从制度上扫除人口迁入的障碍。

（3）打造以区域产业承载为依据的产业体系。包括三个方面：一是在工业化技术路线选择方面，不宜走东部地区工业化的老路，而要立足自身的产业基础和资源条件，在广泛采用适用技术的同时，应因地制宜地发展劳动密集型产业、能源矿产开发和加工业、农产品加工业、装备制造业与高技术产业，虽然不一定过度强调产业的高端化，但同时也决不走先污染、后治理的老路，而走清洁生产、循环经济和文明生产的道路。二是明确各城市的功能定位和产业分工，推进城市间的功能互补和经济联系：省会城市发展成为区域金融和商业服务中心城市，重点发展区域总部经济、研发设计、高端商务、金融保险、现代物流、科教医疗、文化创意、时尚产业、高端技术产业等；非省会地级市与少量重点县级市发展成为集约化的工商业城市，重点发展高新技术产业、制造业和零部件、现代物流业等；县城发展成为特色鲜明的生活型小城，重点发展专精特色产业、农产品加工业、休闲产业、城乡服务业等；乡镇发展成为生态型小镇，主要发展休闲产业与城乡服务业。三是在同级城镇之间，各城镇应根据自身优势打造产业集群，并与上下级城镇之间进行产业链整合，使各城镇产业发展既动态地适应自身产业承载系统，又分工明确，避免产业雷同，造成恶性竞争。

第六章 中国产业集群升级与新型城镇化耦合协同度测算

现阶段，中国的新型城镇化已进入快速推进期，新型城镇化的快速推进需要与此相适应的产业集群作为支撑，所以产业集群升级与新型城镇化是否协调就显得尤为重要。然而产业集群升级与新型城镇化的耦合演进是一个错综复杂的过程，要知道它们之间的耦合协同程度，需要将产业集群升级与新型城镇化彼此影响的相关要素纳入到一个多要素、因果关联、信息反馈的动力学系统模型中进行动态定量分析，从而获取相关信息以对未来产业集群升级与新型城镇化主要指标进行科学预测，才能提出有针对性的发展对策和政策措施。本章将在第四章与第五章对产业集群升级与新型城镇化水平已进行相关测算的基础上，进一步对中国产业集群升级与新型城镇化耦合协同度进行测算，以更加深入地理解中国产业集群升级与新型城镇化耦合发展的现实状况。

第一节 耦合协调度模型

一、耦合协调度值计算

耦合是一个物理学概念，是指两个及两个以上的系统或运动方式之间，通过某种相互作用而彼此联系达到共同发展的现象。耦合度可以反映系统之间相互作用、相互影响的程度，说明系统之间是否耦合发展。测度耦合度的方法主要有离差系数、距离协调度、隶属函数、引力模型、基尼系数法等。容量耦合模型被广泛运用于经济社会与资源环境系统、地区发展、产业结构的协同、均衡、融合分析。参考刘耀彬等（2005）与张欢等（2019）的方法，借鉴物理学中的容量耦合模型，设产业集群升级与新型城镇化测度值为 Icu_{it} 与 $Nurb_{it}$，其中，i、t 分别表示城市与时间，则产业集群升级与新型城镇化的耦合度可用公式 6-1 进行定义：

$$C_{it} = 2\left[\frac{Icu_{it} \times Nurb_{it}}{(Icu_{it} + Nurb_{it})(Nurb_{it} + Icu_{it})}\right]^{\frac{1}{2}} = \frac{2\sqrt{Icu_{it} \times Nurb_{it}}}{Icu_{it} + Nurb_{it}} \quad (6-1)$$

其中，C 表示产业集群升级与新型城镇化的耦合度，一般情况下，$0 \leq C \leq 1$，C 越大说明产业集群升级与新型城镇化的耦合度越高：当 $C = 0$ 时，产业集群升级与新型城镇化完全不耦合，两者之间的发展是相互无关的，系统将向无序发展；当 $C = 1$ 时，产业集群升级与新型城镇化完全耦合，两者之间的发展是完全相关的，产业集群升级与新型城镇化之间达到良性共振耦合，系统将趋向新的有序结构；当 $0 < C \leq 0.4$ 时，产业集群升级与新型城镇化处于较低水平的耦合阶段，两者之间的相互影响并不突出；当 $0.4 < C \leq 0.6$ 时，产业集群升级与新型城镇化已经有了一定耦合关系，两者之间的相互影响处于拮抗时期；当 $0.6 < C \leq 0.8$ 时，产业集群升级与新型城镇化的耦合程度已经较高，两者之间的相互影响进入磨合阶段；当 $0.8 < C < 1$ 时，产业集群升级与新型城镇化之间具有较高的耦合度，两者之间的发展相得益彰、互相促进，它们共同步入高水平耦合阶段。

只是，耦合度虽能反映产业集群升级与新型城镇化的耦合程度，但不能准确反映两者的协同程度，为了评判产业集群升级与新型城镇化的交互耦合的协调程度，需要进一步建立耦合协调度模型，同样参考刘耀彬等（2005）的方法，计算公式如下：

$$\begin{cases} D = (CT)^{1/2} \\ T = aIcu_{it} + bNurb_{it} \end{cases} \quad (6-2)$$

其中，D 表示产业集群升级与新型城镇化耦合协调度，T 表示产业集群升级与新型城镇化的综合调和指数，a 与 b 分别表示待定系数，表示产业集群升级与新型城镇化的重要程度，我们认为，产业集群升级与新型城镇化的相互作用是均等的，故取 $a = b = 0.5$。可知，$0 \leq D \leq 1$，值越大说明产业集群升级与新型城镇化的耦合协调程度越好。

二、耦合协调度等级划分

仍然参考刘耀彬等（2005）的方法，将产业集群升级与新型城镇化耦合协调度划分为六个等级（见表6-1）：当 $D=0$ 时，产业集群升级与新型城镇化的发展完全不协调；当 $D=1$ 时，产业集群升级与新型城镇化完全协调；当 $0<D\leqslant0.4$ 时，产业集群升级与新型城镇化低度协调；当 $0.4<D\leqslant0.6$ 时，产业集群升级与新型城镇化中度协调；当 $0.6<D\leqslant0.8$ 时，产业集群升级与新型城镇化高度协调；当 $0.8<D<1$ 时，产业集群升级与新型城镇化极度协调。当然，$D=0$ 或 $D=1$ 只是极端情况，在现实中根本不会出现。

同时，为了进一步弄清当产业集群升级与新型城镇化不完全协调时是由哪一方面的原因引起的，参考刘淑茹（2019）的方法，定义关系式如下：当 $Icu_{it}>Nurb_{it}$ 时，为新型城镇化滞后型；当 $Icu_{it}<Nurb_{it}$ 时，为产业集群升级滞后型；当 $|Icu_{it}-Nurb_{it}|\leqslant0.05$ 时，为产业集群升级与新型城镇化同步发展型。

表6-1 产业集群升级与新型城镇化耦合协调度等级划分

序号	协调度区间	协调等级	序号	协调度区间	协调等级
1	D=0	完全不协调	4	D∈（0.6, 0.8]	高度协调
2	D∈（0, 0.4]	低度协调	5	D∈（0.8, 1]	极度协调
3	D∈（0.4, 0.6]	中度协调	6	D=1	完全协调

第二节 耦合协调度计算结果与现状分析

一、产业集群升级与新型城镇化耦合协调的总体情况

1. 测度结果

采取上述指标体系和计算方法，可以计算224个城市产业集群升级与新型

城镇化的耦合协调情况。表 6-2 与表 6-3 分别列出 2005 年、2007 年、2009 年、2011 年和 2013 年的产业集群升级与新型城镇化的耦合度与耦合协调度的描述性统计结果。

根据表 6-2，从平均值来看，2005～2013 年，中国产业集群升级与新型城镇化耦合度均值由 0.822 增加到 0.888，增长了近 7 个百分点；最小值由 2005 年的 0.597 提高至 2013 年的 0.752。从不同等级的城市数量来看，耦合度低于 0.6 的城市 2005 年有 1 个，而其他年份均为 0 个。说明除了少数几个城市产业集群升级与新型城镇化的耦合度处于较低水平的耦合阶段以外，大多数城市产业集群升级与新型城镇化的耦合度已相对较高。由于耦合度表明的是产业集群升级与新型城镇化的相互作用、相互影响的程度，测度结果表明，对中国大多数城市来说，产业集群升级与新型城镇化已经进入了磨合阶段，产业集群升级与新型城镇化正对彼此产生积极影响，而且，部分城市产业集群升级与新型城镇化已经具有较高的耦合度，两者之间的发展相得益彰、互相促进。

表 6-2　耦合度（C）测度结果的描述性统计

类别 年份	耦合度				等级（个）			
	Mean	Std	Min	Max	0~0.4	0.4~0.6	0.6~0.8	>0.8
2005	0.822	0.093	0.597	0.998	0	1	130	93
2007	0.867	0.072	0.631	0.998	0	0	122	102
2009	0.867	0.063	0.708	0.997	0	0	123	101
2011	0.864	0.063	0.696	0.999	0	0	107	117
2013	0.888	0.049	0.752	0.999	0	0	89	135

根据表 6-3，从平均值来看，2005～2013 年，中国产业集群升级与新型城镇化耦合协调度均值由 0.611 增加到 0.655，增长了 4.4 个多百分点；最小值由 2005 年的 0.470 提高至 2013 年的 0.563。从不同等级的城市数量来看，耦合协调度高于 0.6 的城市 2005 年、2007 年、2009 年、2011 年和 2013 年分别为 128 个、160 个、167 个、163 个和 203 个，但高于 0.8 的还分别只有 2 个、4 个、4 个、5 个和 5 个。说明虽然大多数城市产业集群升级与新型城镇化的耦合协调度已达到较高水平，但完全协调的城市还是少之又少。特别是，还有

不少城市产业集群升级与新型城镇化的耦合协调度仍然低于0.6，处于中度协调水平。

表6-3　耦合协调度（D）测度结果的描述性统计

类别 年份	耦合协调度				等级（个）			
	Mean	Std	Min	Max	0~0.4	0.4~0.6	0.6~0.8	>0.8
2005	0.611	0.072	0.470	0.973	0	96	126	2
2007	0.643	0.064	0.488	0.973	0	64	156	4
2009	0.641	0.061	0.523	0.981	0	57	163	4
2011	0.640	0.063	0.539	0.999	0	61	158	5
2013	0.655	0.055	0.563	0.999	0	32	187	5

同时，根据表6-2与表6-3，无论是产业集群升级与新型城镇化耦合度还是耦合协调度，都处于上升通道。首先，从平均意义上来看，2013年的耦合度和耦合协调度相对2005年均有明显的提升，分别从0.822增加到0.888和从0.611增加到0.655，说明这段时期中国城市的产业集群升级与新型城镇化耦合度和耦合协调度都是逐渐提升的。其次，从不同等级的城市数量来看，2005~2013年，在耦合度方面，具有较高耦合度的城市从93个增长到135个，而耦合度较低的城市则从1个减少至0个，在耦合协调度方面，具有高度协调程度的城市从126个增长到187个，而中等耦合协调度的城市则从96个减少至32个，同样说明这段时期中国产业集群升级与新型城镇化耦合度和耦合协调度都是呈上升趋势的。

2. 比较分析

一个值得注意的问题是，无论是从平均意义上来看，还是从不同等级的城市数量来看，中国大多数城市产业集群升级与新型城镇化的耦合协调度都显著低于耦合度。根据表6-2与表6-3，2005~2013年，在平均值方面，耦合协调度要低于耦合度约20个百分点；而在不同等级的城市数量上，耦合度大于0.8的城市自2007年超过100个后不断增加，到2013年达到135个，耦合度小于0.6的城市则几乎没有，耦合协调度则相反，大于0.8的城市仅有个位数，而小于0.6的城市则多达两位数（从96个减少至32个）。

由于耦合度主要侧重于对系统间关联程度的度量，反映各系统间相互作用程度大小，不能反映各系统的水平，而耦合协调度既可以反映各系统是否具有较高的水平，又可以反映系统间的相互作用关系。因此，产业集群升级与新型城镇化的耦合协调度都显著低于耦合度，说明中国城市产业集群升级与新型城镇化之间相互作用十分明显，新型城镇化能够不断推动产业集群升级，同时产业集群升级作为反推力不断促进地区新型城镇化水平的提升，但与比同时，产业集群升级与新型城镇化本身的水平并不是很高，"拉低"了产业集群升级与新型城镇化之间的协调程度。

二、产业集群升级与新型城镇化耦合协调的类型分析

　　表6-4统计了耦合协调度城市类型，从中至少可以得到以下两个方面的信息：第一，2005~2013年，中国产业集群升级与新型城镇化耦合协调的类型中同步发展类城市数量不断增加，城镇化滞后类城市数量不断减少，集群升级滞后类城市数量没有明显变化，说明中国城市产业集群升级与新型城镇化的耦合协调程度处于不断上升过程中。第二，2005~2013年，城市的耦合协调度越低，城镇化滞后类城市的比例越高，特别是中度协调的城市，基本上都是城镇化滞后类城市；城市的耦合协调度越高，集群升级滞后类城市的比例越高，特别是极度协调的城市，基本上都是集群升级滞后类城市或同步发展类城市。

表6-4　耦合协调度城市类型统计

类别\年份	中度协调			高度协调			极度办调		
	集群升级滞后	同步发展	城镇化滞后	集群升级滞后	同步发展	城镇化滞后	集群升级滞后	同步发展	城镇化滞后
2005	0	5	91	25	30	71	2	0	0
2007	1	8	55	28	32	96	3	1	0
2009	1	9	47	26	36	101	3	1	0
2011	1	6	54	30	41	87	3	2	0
2013	0	3	29	29	47	121	3	2	0

以上结论说明：第一，虽然中国大多数产业集群处于全球价值链的中低端，但升级的速度还是比较快的，导致许多城市的新型城镇化水平提升滞后于产业集群升级的速度。例如，一个在中西部城市具有的普遍性问题是，城市的人口吸纳能力经常不能满足产业发展的需要，因而不得不缩小产业规模或推行"机器换人"。第二，一种更可能的解释是，由于许多城市过快地推进"土地城镇化"，导致对新型城镇化的评价不高，指标偏低，而产业集群的升级则由大力发展战略性新兴产业的相关政策不断推升，导致对产业集群升级的评价较高，指标偏高。说明中国产业集群升级与新型城镇化协同推进的关键是控制过快的"土地城镇化"，然后才是产业集群如何攀升全球价值链中高端。

第三节　中国产业集群升级与新型城镇化 耦合协调的空间演化

根据不同城市的耦合度与耦合协调度指数，我们绘制了 2005 年、2007 年、2011 年和 2013 年全国 224 个城市的耦合度与耦合协调度等级分布 GIS 图①。

根据城市的耦合度与耦合协调度等级分布 GIS 图，中国产业集群升级与新型城镇化的耦合度与耦合协调度具有类似的空间分布特征，空间差异明显。总体上，耦合度与耦合协调度在空间上具有梯度变化趋势，表现为"东高西低，南高北低"，存在由沿海向内陆、由南向北递减的趋势。经济相对发达的东部地区城市（尤其是大城市），耦合度与耦合协调度普遍较高，而广大的东北和中西部地区城市（尤其是中等城市），耦合度与耦合协调度相对而言普遍较低。比较 2013 年与 2005 年城市的耦合度与耦合协调度，发现全国整体上均有上升，东部沿海地区上升幅度较大，同时东北和中西部地区城市上升也较为明显。

更进一步地，我们列举了 2005 年和 2013 年全国产业集群升级与新型城镇

---

① 图略，读者如有兴趣，欢迎直接向作者索取。

化耦合协调度前 20 名的城市和后 20 名的城市（见表 6-5 至表 6-8）。从中可以看出，产业集群升级与新型城镇化耦合协调度高的往往是大城市和沿海城市，这些城市不仅耦合协调度高，而且集群升级滞后类城市的占比也相对较高；产业集群升级与新型城镇化耦合协调度低的往往是中小城市和内陆城市，这些城市不仅耦合协调度低，而且以城镇化滞后类城市为主。这一情况表明：尽管大城市和沿海城市有着比中小城市和内陆城市更为突出的资源聚集优势，人口和产业的聚集速度都比较快，但在产业集群发展到一定程度后，其升级的边际速度逐渐趋缓，人口却保持着大规模流入，城镇化的水平仍然快速推进，产业集群升级的速度反而滞后于新型城镇化水平提升，这些城市的主要问题不再是如何进行人口吸纳，而是如何在新一轮产业革命中占据国际前沿；而大多数中小城市和内陆城市由于资源聚集优势不足，主要问题还是超前"空间城市化"带来的"后遗症"——"人口城市化"滞后，导致城市的可持续发展面临严峻挑战，对这些城市来说主要问题是如何吸纳足量的人口避免"空城""鬼城"并支撑产业集群升级。

表 6-5　2005 年产业集群升级与新型城镇化耦合协调度前 20 名的城市

类别 城市	Icu_{it}	$Nurb_{it}$	T	C	D	协调类型
深圳	0.88	0.99	0.95	0.99	0.97	极度协调集群升级滞后
上海	0.74	0.86	0.65	0.99	0.81	极度协调集群升级滞后
北京	0.75	0.77	0.63	0.98	0.79	高度协调同步发展型
厦门	0.77	0.71	0.62	0.97	0.78	高度协调城镇化滞后
苏州	0.76	0.71	0.62	0.97	0.77	高度协调同步发展型
广州	0.69	0.51	0.60	0.99	0.77	高度协调城镇化滞后
珠海	0.85	0.60	0.62	0.93	0.76	高度协调城镇化滞后
克拉玛依	0.73	0.68	0.59	0.97	0.76	高度协调同步发展型
南京	0.75	0.65	0.59	0.96	0.75	高度协调城镇化滞后
大连	0.71	0.63	0.56	0.97	0.74	高度协调城镇化滞后
无锡	0.71	0.63	0.56	0.97	0.74	高度协调城镇化滞后
宁波	0.68	0.63	0.55	0.97	0.73	高度协调同步发展型
惠州	0.88	0.48	0.60	0.89	0.73	高度协调城镇化滞后
天津	0.75	0.56	0.56	0.94	0.73	高度协调城镇化滞后

续表

城市＼类别	Icu_{it}	$Nurb_{it}$	T	C	D	协调类型
青岛	0.69	0.62	0.55	0.97	0.73	高度协调城镇化滞后
佛山	0.74	0.54	0.55	0.94	0.72	高度协调城镇化滞后
东营	0.70	0.57	0.54	0.96	0.72	高度协调城镇化滞后
杭州	0.67	0.60	0.54	0.97	0.72	高度协调城镇化滞后
沈阳	0.70	0.57	0.54	0.95	0.72	高度协调城镇化滞后
威海	0.66	0.59	0.53	0.97	0.71	高度协调城镇化滞后

表6-6　2005年产业集群升级与新型城镇化耦合协调度后20名的城市

城市＼类别	Icu_{it}	$Nurb_{it}$	T	C	D	协调类型
黑河	0.66	0.11	0.37	0.60	0.47	中度协调城镇化滞后
渭南	0.71	0.12	0.39	0.60	0.48	中度协调城镇化滞后
伊春	0.68	0.12	0.38	0.62	0.49	中度协调城镇化滞后
宿州	0.64	0.14	0.36	0.65	0.49	中度协调城镇化滞后
信阳	0.67	0.14	0.38	0.64	0.49	中度协调城镇化滞后
四平	0.65	0.14	0.37	0.66	0.49	中度协调城镇化滞后
防城港	0.64	0.14	0.37	0.67	0.50	中度协调城镇化滞后
滁州	0.71	0.14	0.40	0.62	0.50	中度协调城镇化滞后
白城	0.65	0.15	0.37	0.67	0.50	中度协调城镇化滞后
贵港	0.67	0.14	0.38	0.65	0.50	中度协调城镇化滞后
佳木斯	0.65	0.15	0.37	0.67	0.50	中度协调城镇化滞后
阜阳	0.64	0.15	0.38	0.67	0.50	中度协调城镇化滞后
云浮	0.71	0.14	0.40	0.64	0.51	中度协调城镇化滞后
内江	0.69	0.15	0.39	0.66	0.51	中度协调城镇化滞后
铁岭	0.65	0.15	0.38	0.69	0.51	中度协调城镇化滞后
钦州	0.68	0.15	0.39	0.67	0.51	中度协调城镇化滞后
开封	0.65	0.17	0.38	0.70	0.52	中度协调城镇化滞后
怀化	0.70	0.15	0.40	0.67	0.52	中度协调城镇化滞后
汉中	0.70	0.17	0.40	0.67	0.52	中度协调城镇化滞后
黄冈	0.66	0.17	0.39	0.70	0.52	中度协调城镇化滞后

表 6-7　2013 年产业集群升级与新型城镇化耦合协调度前 20 名的城市

城市 \ 类别	Icu$_{it}$	Nurb$_{it}$	T	C	D	协调类型
深圳	0.86	0.99	0.99	0.99	0.99	极度协调集群升级滞后
上海	0.74	0.98	0.67	1.00	0.83	极度协调集群升级滞后
北京	0.75	0.93	0.68	1.00	0.82	极度协调集群升级滞后
厦门	0.78	0.80	0.66	0.98	0.81	极度协调同步发展型
苏州	0.76	0.80	0.66	0.98	0.81	极度协调同步发展型
广州	0.69	0.80	0.61	0.99	0.73	高度协调集群升级滞后
大连	0.69	0.80	0.61	0.99	0.73	高度协调集群升级滞后
天津	0.70	0.78	0.61	0.99	0.73	高度协调集群升级滞后
克拉玛依	0.73	0.74	0.61	0.98	0.77	高度协调同步发展型
珠海	0.77	0.68	0.61	0.97	0.77	高度协调城镇化滞后
南京	0.72	0.69	0.59	0.97	0.76	高度协调同步发展型
武汉	0.70	0.71	0.58	0.98	0.76	高度协调同步发展型
无锡	0.71	0.69	0.58	0.98	0.76	高度协调同步发展型
成都	0.73	0.68	0.58	0.97	0.75	高度协调同步发展型
杭州	0.67	0.72	0.57	0.99	0.75	高度协调同步发展型
宁波	0.69	0.69	0.57	0.98	0.75	高度协调同步发展型
佛山	0.67	0.71	0.57	0.98	0.75	高度协调同步发展型
常州	0.70	0.66	0.57	0.97	0.75	高度协调同步发展型
沈阳	0.70	0.65	0.56	0.97	0.74	高度协调同步发展型
镇江	0.69	0.63	0.56	0.97	0.73	高度协调城镇化滞后

表 6-8　2013 年产业集群升级与新型城镇化耦合协调度后 20 名的城市

城市 \ 类别	Icu$_{it}$	Nurb$_{it}$	T	C	D	协调类型
阜阳	0.65	0.24	0.40	0.79	0.56	中度协调城镇化滞后
天水	0.70	0.21	0.42	0.75	0.56	中度协调城镇化滞后
齐齐哈尔	0.66	0.24	0.41	0.79	0.57	中度协调城镇化滞后
南阳	0.66	0.24	0.41	0.79	0.57	中度协调城镇化滞后
信阳	0.65	0.26	0.41	0.80	0.57	中度协调城镇化滞后
宿州	0.64	0.26	0.43	0.81	0.53	中度协调城镇化滞后

城市＼类别	Icu_{it}	$Nurb_{it}$	T	C	D	协调类型
鹤岗	0.64	0.26	0.41	0.82	0.58	中度协调城镇化滞后
张家界	0.67	0.26	0.42	0.80	0.58	中度协调城镇化滞后
荆州	0.65	0.27	0.41	0.82	0.58	中度协调城镇化滞后
商丘	0.65	0.27	0.42	0.83	0.59	中度协调城镇化滞后
云浮	0.70	0.26	0.44	0.79	0.59	中度协调城镇化滞后
贵港	0.66	0.27	0.42	0.82	0.59	中度协调城镇化滞后
滁州	0.66	0.27	0.42	0.82	0.59	中度协调城镇化滞后
南平	0.65	0.29	0.42	0.83	0.59	中度协调城镇化滞后
河源	0.75	0.24	0.46	0.77	0.59	中度协调城镇化滞后
黄冈	0.66	0.29	0.43	0.83	0.60	中度协调城镇化滞后
白城	0.64	0.30	0.42	0.85	0.60	中度协调城镇化滞后
伊春	0.69	0.29	0.44	0.82	0.60	中度协调城镇化滞后
四平	0.66	0.29	0.43	0.84	0.60	中度协调城镇化滞后
邵阳	0.65	0.30	0.43	0.84	0.60	中度协调城镇化滞后

第四节　全球分工背景下提升耦合协调度的机理机制

以上分析说明，中国产业集群升级与新型城镇化的耦合协调度还比较偏低，特别是许多城市由于超前"空间城市化"导致城镇化的水平滞后于产业集群的升级速度，这种发展模式是不可持续的，因此，必须加大力度进行整合，以提升中国产业集群升级与新型城镇化的耦合协调度，实现中国城镇与产业的高质量、可持续发展。

在全球化时代，全球产业链调整打破了参与全球化的各国固有的产业体系，引致了各国城市格局的重塑，生产要素的快速流动引发的经济全球化在促进区域经济与城市快速崛起的同时也带来了城市间激烈的竞争（魏成与沈静，

2010)。同时，全球产业及环节的重新布局，不仅导致全球中心区域的升级及向全球边缘扩散，也导致全球边缘区域的融入并与全球中心区域展开竞争。因此，在全球分工背景下，推进产业集群与城镇化发展必须具备世界眼光，产业集群升级意味着要抓住全球价值链重构和产业分工格局重塑的机遇，促进中国产业向价值链中高端攀升，新型城镇化意味着城市发展应在嵌入世界城市网络的同时，不断提升质量。只是，两者的耦合关系内在地要求它们能够协同推进，不断提升耦合协调度，因为耦合协调度决定城市竞争力（倪鹏飞等，2018）。

基于全球分工提升产业集群升级与新型城镇化的耦合协调度，需要立足全球重新审定产业集群升级与新型城镇化之间的关系。

第一，从整体上把握全球产业分工的基本态势以及世界城市体系发展的现状和趋势，从而准确把握当今世界城市竞争格局和经济发展动向，依据全球视野对城市进行策略性竞争优势定位，让每个城市都找准自身在全球经济与城市体系中的位置，并根据新的定位重塑城市功能，特别是大城市与特大城市，更是要积极实施国际化战略，大力提升城市在未来世界城市格局中的位置，并带动周边城镇主动参与全球产业分工。

第二，借助"一带一路"建设等重大战略机遇，加强中国城镇及产业的统筹布局，来回应并支持全球化时代产业发展与城市发展的变迁，全面深化国际合作交流和对外经贸合作，进一步拓展对外开放的领域和空间，加快形成全面开放新格局，着力构建与国际贸易投资规则相适应的开放型经济体制机制，推进产业发展与城市发展的国际化水平。

第三，牢牢抓住以智能制造为核心技术的新一轮产业革命带来的机遇，充分利用中国制造业体量庞大对智能制造技术存在规模化需求的优势，通过人工智能技术的战略突破、新一代信息技术和制造技术的深度融合，实现制造业特别是加工制造企业的转型升级，以智能制造去除中国产业集群升级的"紧箍咒"，通过产业集群的智能化升级，推进中国城镇的数字化、网络化、大数据化和智能化发展，从而提升城镇化质量。

第四，以城市群建设为主线，通过空间整合，提升中国城市的全球竞争力。一个智慧化、全球化和群网化的城市星球在过去 40 年里开始形成，但是中国仍有大批城市尚未进入全球竞争行列，据科尔尼发布的《2017 全球城市指数》，中国地级及以上城市只有 7% 左右的城市具有全球竞争能力，究其原因，是大多数二、三线城市缺乏基于全球分工的、清晰的战略定位和发展目标以及系统性的发展思路。中国二、三线城市在全球的总体竞争力亟待进一步提高，然而，现阶段多数城市实力提升缓慢，城市发展效果并不显著。可以预见的是，随着中国城镇体系格局不断走向均衡化，在未来中国的城镇体系中，必将出现更多的、分布更为均衡的国家中心城市与区域中心城市，因此，当前的二、三线城市迎来了城市能级提升的历史机遇。其中，一个非常重要的内容是空间整合，包括两个方面：一是整合自身空间，减轻超前"空间城市化"负面影响；二是进行城市群的空间整合，以城市群为整体参与全球竞争。从而使更多城市提升融入全球、影响全球的能力。

第七章 中国产业集群升级与新型城镇化协同推进的案例分析

以上各章的分析表明，产业集群升级与新型城镇化协同推进对提升城镇化质量有着非常重要的作用。但由于不同地区和城市（镇）的历史发展基础、资源禀赋、地理区位等存在差异，产业集群升级与新型城镇化的耦合协调度在不同的地区和城市（镇）存在显著差异，结果导致城镇化效果大相径庭。在理论分析的基础上，本章将进一步梳理不同类型的典型实践案例，系统分析各案例的实施背景、具体做法、发展特点、实施效果等，对全国各主要类型的"产—城"结合发展的成功与失败经验进行总结，更深入地揭示产业集群升级与新型城镇化耦合协调的客观规律，归纳出具有一般意义的政策启示及措施，以期为中国更好地推进新型城镇化提供经验借鉴和启示。

第一节 案例选取

一、案例选取需要考虑的差异性

作为世界上迄今规模最大的城镇化，截至 2017 年底，中国初步形成了"661 个城市+20000 多个建制镇"的市镇体系。如此庞大的城镇体系，分布于地域多元、文化多样的辽阔国土上，决定了城镇化的巨大差异性，这些差异性是我们在案例选取过程中必须充分重视的。

1. 地区差异

改革开放后，考虑到东部沿海有着先行发展的条件，中国实施了"东部先行"策略，东部地区成为国内经济社会最发达、对外开放程度最高的地区。时至今日，即使在实施了西部大开发、中部崛起战略之后，无论从 GDP 差距、产业结构差异、劳动力就业结构差异、人民生活水平差异，还是从对外贸易发展差距、教育科研差异等方面分析，中西部地区与东南沿海仍然存在不小的距离。体现在城镇化方面，简新华等（2010）指出，可以用城镇化率和城镇分布密度（区域城镇数量/区域土地面积）两个指标来衡量这一地区差距。

（1）城镇化率指标。根据国家统计局数据，2018 年末全国常住人口城镇化率为 59.58%。东部地区的上海、北京、天津常住人口城镇化水平在全国最高，城镇化率分别为 88.10%、86.50% 和 83.15%，广东、江苏、浙江的城镇人口比重也分别达到 70.70%、69.61% 和 68.90%；相比之下，中西部省份城镇化率水平相对较低，宁夏、山西、陕西、江西、河北、湖南、安徽、青海、四川、河南、广西等地的城镇化率低于 60%，云南、甘肃、贵州、西藏低于 50%。

（2）城镇分布密度指标。东、中、西部地区的城镇分布密度分别约为 62 座/平方公里、25 座/平方公里和 11 座/平方公里，呈现明显的东高西低、东密西疏的特点。

2. 层级差异

20 世纪 50 年代初期，中国决定对全国城市进行分类排队，并确立不同的建设方针，由此衍生出严格且多层次的城市行政等级制度。直辖市、计划单列市、省会城市、地级城市、县级市、镇等，构成了中国复杂的城市行政等级。城市行政等级如同城市的户籍，其本质是在户籍制度实现城乡分割的基础上，进一步在城市体系内部进行分割。由于高级别城市既可以获得更多来自中央政府的资源分配，又可利用高行政等级干预促使低级别城市资源流入该城市，从而导致有限的社会建设资源向高级别城市集中。城市层级差异引起的发展路径不同，导致中国不同类型的城市呈现不一样的发展问题：大城市核心区日益拥挤不堪、中小城市新区"鬼城"频现、小城市（镇）的"庸堕化"趋向。因此，在案例分析中必须考虑这一差异。

二、案例选取的基本方式

由于城镇化的个案有两万多个，我们只选取有代表性的案例进行分析。选取案例的基本思路是选取成功和失败两个方面的案例，这里所说的成功案例是指符合新型城镇化发展要求，"产—城"融合度高具备可持续发展能力的城镇，失败案例是指违背新型城镇化发展要求，"产—城"融合度低不具备可持续发展能力的城镇。通过正、反两方面的案例分析，找出背后的深层次原因，总结其中规律性认识。当然，在对正、反两方面的案例选取的过程中，会尽可能考虑城镇化的地区差异和层级差异。

综合以上分析，选取成功的典型案例主要包括广东省深圳市从"产城互促"到"产城融合"的发展历程（产业集群升级与新型城镇化的耦合协调度全国排名第一）、江西省赣州市产城融合示范区（国家级产城融合示范区）、湖南省长沙高新区麓谷街道（入选全国新型城镇化十六经典范例）、云南省曲靖市麒麟职教小镇（国家级特色小镇）；失败的典型案例主要包括京津新城（造城运动失败的"样本"）、内蒙古自治区二连浩特（2015 年"鬼城"指数排名第一）、四川省成都市龙潭水乡古镇（不可持续发展的特色小镇）。

第二节　案例描述与说明

一、成功的案例

1. 广东省深圳市

当 1979 年深圳建市时，GDP 仅 1.97 亿元，三次产业结构比例为 37.0：20.5：42.5，工业基础非常薄弱。而这个 40 多年前默默无闻的"小渔村"，如今已成为管理人口超 2000 万的现代化国际大都市，深圳经济特区的崛起，印证了改革开放是坚持和发展中国特色社会主义的必由之路，创造了世界工业化、城市化和现代化史上的奇迹。同时，根据我们的测算，如表 7-1 所示，深圳是中国产业集群升级与新型城镇化耦合协调度最高的城市之一，更进一步地证明了改革开放以来深圳发展的成功。

表 7-1　深圳市产业集群升级与新型城镇化的耦合协调度

年份	Icu$_{it}$	Nurb$_{it}$	T	C	D	协调类型
2005	0.88	0.99	0.95	0.99	0.97	极度协调集群升级滞后
2007	0.88	0.99	0.95	0.99	0.97	极度协调集群升级滞后
2009	0.88	0.99	0.97	0.99	0.98	极度协调集群升级滞后
2011	0.88	0.99	0.97	0.99	0.98	极度协调集群升级滞后
2013	0.86	0.99	0.99	0.99	0.99	极度协调集群升级滞后

　　分析深圳 40 多年来发展的阶段性特征，有两条逻辑主线：一条是城市发展主线，另一条是产业发展主线，两条线索相互交织、相互影响和促进，共同构成了深圳城市变迁的绚丽图景。不过，在较长的一段时期里，深圳经历的是"产城互促"的过程，表现在城市发展与产业发展两条主线的交织过程上是相对被动的，只是到近年来，才真正实现了向"产城融合"的过渡，主动地在规划上将城市发展与产业发展两条主线交织在一起（贺传皎等，2015）。

　　20 世纪 80 年代，深圳工业以"三来一补"代加工企业为主，主要集中在蛇口、上步、莲塘、沙头角等地，产业规划带有较强的指令性和干预性，产业发展布局相对松散。与此同时，在城市规划方面，1982 年，深圳首次提出"带状组团"的空间构想：根据深圳面海靠山、地形狭长的特点规划罗湖、蛇口和沙头角三个功能组团，形成"多点推动、齐头并进"的发展格局。这种与内地城市规划通常采用的圈层式结构完全不同的布局，当时在全国产生了重大影响。1986 年，深圳编制完成了《深圳经济特区总体规划（1986-2000）》对"带状组团"结构进行了优化和细化，奠定了经济特区的基本空间框架。

　　然而，深圳城市发展的速度很快就超出了规划的预测。特区空间发展从罗湖、蛇口、沙头角三个"据点"起步，1985 年后，华侨城、南油等片区开始建设，20 世纪 90 年代后，福田中心区和盐田港等地相继启动开发，初步形成五个组团并行发展的空间格局（邹兵，2017）。随着中国香港"三来一补"企业的大举北迁，城市建设已扩展到原特区外的宝安县。1990 年，深圳首次编制完成《深圳市城市发展策略》，把原特区外的发展纳入规划范围，提出"全境开拓、梯度推进"的空间发展策略，将全市域划分为三个圈层和六个次区域。

1996 年 9 月，深圳市委、市政府选择在当时并不是市中心但交通区位良好的南山区，靠近深圳大学等科研资源的地块设立深圳高新技术产业园区，整合深圳科技工业园、中国科技开发院、高新技术工业村等几个小区，实行"一区多园"式管理。为推动园区分类发展，高新产业园领导小组组织编制了《深圳市高新技术产业园区发展规划（1997-2000）》，对高新区实行统一规划和"模块化"布局，形成南区以技术开发型企业为主，中区发展生物工程、新材料产业，北区安置大型生产型高新技术企业及生活居住的地域功能布局。

尽管规划发挥了一定的引导作用，但与实施操作又都存在不小的差距。原因在于，由于深圳产业发展过快，在一个规划期实施的过程中，由于产业发展空间严重不足不得不早早进行规划的调整和修编。

进入 21 世纪后，深圳产业布局规划经历了 2001~2007 年主要由产业部门确定产业类型、规划落实空间的分行业编制规划方式，到 2008~2011 年按照总部—制造—创意研发的产业链环节分阶段编制规划的变化过程。2001 年，为控制和预留高新技术产业用地，突破深圳市高新技术产业发展空间不足的瓶颈，深圳市开始调整惯用的刚性产业规划思维，提出构筑高新技术产业带的战略决定，统筹优化各产业片区的创新资源配置，获取创新型产业用地的外向弹性。

2012 年，新一轮《深圳市产业布局规划（2012-2020）》进一步调整了思路，开始主动贯穿"产城融合"的规划思路。不再直接规划某类产业的空间布局，而是从不同产业对空间要素的需求角度出发，研究各类产业布局规律。首先，规划把深圳全市产业空间按产业属性划分为中心区、过渡区、产业园区、特色资源区和生态保护区，针对五类区域提出产业分类指导与功能引导策略。适应存量发展时代的产业用地管控需求，规划加强了产业布局与用地管理手段的对接和协同，将城市总体规划确定的工业用地指标分解落实到法定图则的标准分区中；提出划定产业用地地块控制线的管控要求，保证必要的产业空间以满足新兴产业的发展需求。

经过从"产城互促"到"产城融合"的发展过程，如表 7-1 所示，深圳产业集群升级与新型城镇化的耦合协调度高达 0.97~0.99，位列全国第一。2018 年，深圳市生产总值突破 2.4 万亿元，经济总量居亚洲城市前五，经济发展有速度、有质量、有效益；全社会研发投入占 GDP 比重、PCT 国际专利申请量全国领先，国家级高新技术企业数量居全国第二，数字经济发展走在全国前列，获批国家可持续发展议程创新示范区，成为中国最具创新力的城市，在全球创新体系中的地位不断提升；PM2.5 平均浓度降至 26 微克/立方米，近年来空气优良率创新高，空气质量在全国 169 个重点城市中排名第六。2019 年 8 月，中共中央、国务院做出支持深圳建设中国特色社会主义先行示范区的决定，提出到 2035 年，深圳高质量发展成为全国典范，城市综合经济竞争力世界领先，建成具有全球影响力的创新创业创意之都，成为中国建设社会主义现代化强国的城市范例，到 21 世纪中叶，深圳以更加昂扬的姿态屹立于世界先进城市之林，成为竞争力、创新力、影响力卓著的全球标杆城市。可见，深圳发展前景一片光明。

2. 江西省赣州市产城融合示范区

赣州产城融合示范区（以下简称"示范区"）位于中心城区西北和西南部，由赣州经济技术开发区、章贡经济开发区、南康经济开发区、赣州高新技术产业开发区四个工业园区组成，规划面积 198.05 平方公里。示范区是长三角经济圈、珠三角经济圈、海西经济区、环鄱阳湖生态经济区的几何中心和共同腹地。京九铁路、昌吉赣客专、赣深客专、赣龙铁路、赣韶铁路，赣粤高速、厦蓉高速、赣韶高速、绕城高速等联系沿海与内陆的重大交通通道贯通该区域。赣江航道穿越鄱阳湖与长江黄金水道相连。具有辐射内陆、连通南北、贯穿东西的战略区位优势。示范区涵盖国家级经济技术开发区、省级经济开发区、省重点工业园区和国家级高新技术产业开发区。重点发展稀土和钨新材料及其应用、节能与新能源汽车及其配套、铜铝有色金属等特色优势产业，电子信息、生物制药等战略性新兴产业以及家居制造、机械制造等现代制造业，现代产业体系较为完善。区域内钨和稀土产业园、铜铝产业园、新能源汽车及其配套产业园、机械制造产业园、电子信息产业园、生物制药产业园、家具产业园、综合物流园、总部经济园等特色产业园初具雏形。

赣州拥有 3 所本科高等院校，拥有国家级科技创新平台 2 个、国家级创新基地4个、国家部委认定的科技创新平台8个、国家级可持续发展实验区2个、已建和拟建的院士工作站5个、省级企业技术中心16个。示范区科教技术人才优势明显，是赣南等原中央苏区重要的技术创新中心和科研成果转化应用基地。同时，赣州是全省乃至全国拥有国家级重大发展平台和试点示范最多的设区市之一，特色优势产业集群加速壮大，人流、物流、资金流加速集聚。因地制宜采取"依山就势""台地工业"等模式，实现了增加建设用地与修复生态环境的有效融合。组建了江西省首个环交所——赣州环境能源交易所，完成了江西省首笔碳排放交易，为绿色低碳发展起到了示范带动作用。示范区内商务中心、路网管网等基础设施日益完善，学校、医院等公共服务设施建设稳步推进，在探索产城融合新路径中积累了一些宝贵的经验。

根据《赣州市九江市国家级产城融合示范区建设总体方案》，示范区的空间布局贯穿了"产城融合"理念。主要包括两个方面：一是产城相生的空间格局，示范区以赣南大道和G105国道为轴，以赣州经济技术开发区为核心，南接南康经济开发区，西连章贡经济开发区，北接赣州高新技术产业开发区，形成对赣州市中心城区的弧形围合。根据示范区的战略定位，按照生产空间集约高效、生活空间宜居适度、生态空间山清水秀的原则，示范区的发展方向空间结构为"一轴三廊三区"，"一轴"以赣南大道、G105国道、赣储大道前后连接，加强赣南大道的连接功能；"三廊"指建设章江生态走廊、贡江生态走廊和赣江生态走廊；"三区"指将示范区分为南部片区、中部片区和北部片区。二是产城互动的功能布局，将示范区空间分为产业集聚区、人口集聚区、商贸物流区与生态保护区四大模块，引导稀土与钨等精深加工，高端稀土、钨新材料和应用产业，战略性新兴产业向核心区集聚，探索建设具有当地特色的生态绿色宜居宜业的新型城镇，以产业集聚和环境宜居双轮驱动，带动人口集聚的发展局面。

通过推动形成空间融合和产业联动发展模式、完善城乡建设投融资等体制机制，示范区产业集群升级与新型城镇化的耦合协调度有了明显的提升。如表7-2所示，九江市的产业集群升级与新型城镇化耦合协调度由2005年的0.62上升到2013年的0.69，协调类型为高度协调城镇化滞后型，可以预计，在示范区"以产兴城、以城带产、产城融合、城乡一体"的发展道路指引下，示范区的人口吸纳能力会不断得以提升，新型城镇化会逐渐跟上产业集群升级的步伐，示范区的"产城融合"发展之路会越走越宽广。

表7-2　九江市产业集群升级与新型城镇化的耦合协调度

年份	Icu_{it}	$Nurb_{it}$	T	C	D	协调类型
2005	0.70	0.24	0.46	0.85	0.62	高度协调城镇化滞后
2007	0.69	0.35	0.45	0.83	0.62	高度协调城镇化滞后
2009	0.68	0.36	0.48	0.88	0.66	高度协调城镇化滞后
2011	0.71	0.38	0.49	0.89	0.68	高度协调城镇化滞后
2013	0.71	0.39	0.51	0.91	0.69	高度协调城镇化滞后

3. 湖南省长沙高新区麓谷街道

麓谷街道地处湖南省长沙高新技术产业开发区核心城区，是湖南省和长沙市重点建设的高新技术产业聚集区、新型工业化的示范区和生态新城的样板区。目前，街道建成区面积已扩展到20.4平方千米，城区绿化覆盖率达48%，城镇化率达98%。

麓谷街道发展过程和所辖区域具有四大典型特征，可以集中反映当前中国新型城镇化面临的困境：高新区园区体制使街道无法有效发挥政府职能；原国营农场的撤销遗留了人员安置、管理体制转变、集体经济发展模式等问题；城乡接合部的地理位置含有农村与城市经济发展模式、文化习俗、生活方式的巨大差异，增加了社会管理的难度；拆迁征地的跨政策模式使失地农民补偿问题困难重重，群众上访接连不断。麓谷街道在城镇化过程中结合以上四大问题，驱动着麓谷街道新型城镇化的探索之路。为了解决这些问题，麓谷街道积极进行新型城镇化的探索和实践，采取了一系列措施：

（1）坚持发展先行，用产业支撑城镇化。通过培育特色商圈、引进龙头项目、做强经济实体等，对产业发展进行全力支持。

（2）抓好民生保障，用人本夯实城镇化。通过逐步完善城市配套设施、大力促进就业创业、提升医疗卫生服务质量等，实现就业方式、社会保障等由"乡"到"城"的重要转变，紧紧抓住了"民生"这条主线。

（3）推行文化强街，用文化引领城镇化。农民变市民，群众固有的思维模式和思维方式未能适应身份的转变，通过细化提炼全街核心价值、常态化开展群众性文体活动、科学化开展群众教育活动等，打造"文化磁场"，凝聚精神力量，培育具有高新精神的麓谷新市民。

（4）优化城市管理，用环境改善城镇化。通过实行格式化创建和网格化管理机制、定期组织开展专项集中整治行动、探索建立环卫公司提升队伍素质等，务实创新，力促城市形象有全面提升。

（5）创新社会管理，用效率推进城镇化。通过党建网梯化管理，每位党员设岗定责、街道与社区干部公开选拔、成立作风督查专案组等，大胆先行先试，破除社会管理体制机制障碍。

通过一系列改革，麓谷街道发展十分迅速，现有麓谷建成区、信息产业园、先进制造产业园、新材料产业园、生物医药产业园、光伏新能源及环保产业园七大产业功能区。从 2000 年辖区人口约 5 万人，企业约 5000 家发展到 2017 年底①的人口 35 万人，企业 18000 余家，其中，包括中联重科、圣湘生物、永雄集团、金荣集团等著名企业，不仅是名副其实的"三湘第一街"。也是全国通过"产城融合"推进新型城镇化的典型范例。

4. 云南省曲靖市麒麟职教小镇

云南省曲靖市麒麟区职教小镇是产教融合类小镇，是"第一轮全国特色小镇典型经验"16 个名单中西部各省市区唯一入选的特色小镇。麒麟以发展职业教育产业带动创新创业为核心，重点打造文化产业、海洋公园、儿童乐园、中国数码新媒体、大健康养老产业、电子信息产业园、有机肥生产销售等业态，致力于打造成为中国一流、云南唯一的特色职教小镇。国家教育发展研究中心专家咨询委员会主任郝克明调研麒麟职校时说："中国职业教育的经验在云南、在曲靖、在麒麟，麒麟职校不愧为职业教育的一面旗帜。"

到 2018 年底，麒麟职业教育小镇入驻企业近 30 家，吸纳就业人员近 2 万人，完成特色产业投资 25 亿元，年接待游客 50 万人次。小镇规划用地面积 5800 亩，其中，建设用地面积 4100 亩；已建成区域用地面积 1500 亩，建设用地面积 1000 亩。目前已形成"曲靖职业技术学院""曲靖开放学院""曲靖幼儿师范学校""曲靖护理学校""云南曲靖航空学校""曲靖市麒麟职业技术学校""曲靖

---

①　2015 年，根据长沙市岳麓区乡镇区划调整方案，将东方红镇和麓谷街道成建制合并设立麓谷街道。

市体育运动学校"2 所大学、5 所中专为一体的职业教育办学体系，实现"前校后厂"的办学模式。麒麟职教集团目前拥有全日制在校生 3.6 万人，生源涵盖云南省 16 个州市及全国 20 个省份，开设有国家级示范专业 5 个、省级示范专业 11 个，已成为"西南第一、全国第二"的国家级重点中专学校。

2018~2019 年出台最新的《麒麟职教特色小镇规划》，从总体层面对小镇的规划布局和业态进行统筹安排，结合小镇职教产业基础，构建小镇的职教产业核心区及多条绿色廊道，与周边山水从空间上联系起来，在"两轴三心三片区"空间结构的基础上，设置康养示范区、职业学院校区、实训基地、研发孵化区、管理服务区、职校配套区、展览展示区、国际交流区及生活功能区等功能分区。将居住生活片区与职业教育、商务服务等产业功能片区交叉布局，使产业功能与居住功能充分融合，实现产、教、居、研融合发展。

新的麒麟职教特色小镇规划面积约 10.31 平方公里，依托曲靖多年培养的职业教育产业基础，发展产、教、研、用一体化的"校镇融合""产教融合""产城融合"特色小镇。规划以"从城市走向自然"的设计思路为指导，以国家级职教小镇示范区为政策引领，融入自然、绿色、生态、共享、创新、发展的理念，沿靖江路形成集职业教育、科技研发、国际专业技术交流和商务交流等功能集合的发展轴线；沿经六路和潇湘路形成的集职业教育、科技研发、产学一体和商业商务休闲等功能的发展轴线。通过将技能型、工匠型、应用型的职业教育发展模式进行展示，把产教融合、知行合一的职业教育内涵予以传播，发展成为兼具中国职业教育发展理念和西南特色职业教育特点的职教基地，将麒麟小镇建成产业特色鲜明、产城融合度高、宜业宜居宜游的小镇。

二、失败的案例

1. 京津新城①

2006 年，京津新城成为国务院批准建设的天津市 11 个新城之一。按照天

---

① 需要说明的是，这里将京津新城作为新型城镇化的失败案例，主要是针对该地区的"短期"发展而言，因为从长期来看，京津新城的未来发展带有一定的不确定性。曾祥炎等（2018）曾指出："一些高级别城市，特别是省会城市由于人力资本较为丰裕，即使短期出现城市蔓延，长期也会因较强的资源集聚能力而得到修正，如天津滨海新区、河南郑东新区在发展初期都曾因入住率、单位进驻率较低，人烟稀少而被称为'鬼城'，但经过 10 余年的发展后，目前均已呈现蓬勃发展态势。"

津市政府 2009 年 1 月批准的《天津市城乡总体规划》，到 2020 年新城规划面积为 53 平方公里，远景规划 258 平方公里。10 多年来，这块由房地产开发商参与打造的天津西北远郊区域，就以数千套别墅的宏伟规划、上百亿投资额的蓝图，冲击着全国人民的视听。随后，它又频繁以"鬼城""空城"的形象见诸报端，成为一个略显分裂的存在。

之所以出现这种情况，主要原因集中在两个方面的滞后：一是人口吸纳滞后于土地开发，二是产业发展滞后于城市建设。

（1）人口吸纳滞后于土地开发。一方面，由于京津新城的定位不够清晰，是以高科技产业为主，还是休闲度假为主，抑或以地热综合开发或教育、金融服务为主，并无定论。结果是，由房地产开发商推动，主要打造以别墅型住宅为主的养老休闲宜居新城，建成了空置率极高的泰富橄榄树高层小区、景秀香江住宅小区、上京系列别墅区等。另一方面，京津新城的建设用地是由原来盐碱地转变而来，尽管新城区域景观设施及安防设施相对完善，但公交设施、教育和医疗设施仍然非常落后。尽管以低密度住宅区为主的开发模式，导致新城土地开发的速度很快，但缺乏产业和公共设施的支撑，人口吸纳能力严重缺失，远未能达到预期的人口规模。

（2）产业发展滞后于城市建设。一方面，京津新城的产业项目建设长期处于空白区。京津新城现有重要产业项目几乎全部在 2002～2006 年集中建设而成。2006 年被国务院批准成为天津市 11 个建设的新城之一后，除解放军军事交通学院外，再无大型产业项目建设。另一方面，项目建设过于分散，难以形成集聚效应。13 年间产业用地建设约 4 平方公里，空间上却形成了温泉度假村、大学城、周良镇与锦绣香江 4 个据点。缺乏有支撑能力的大型产业项目，成为了京津新城进入良性循环发展的最大制约因素。

2. 内蒙古自治区二连浩特

二连浩特市位于中国正北方内蒙古自治区中部，是内蒙古的一个县级市，与蒙古国扎门乌德市隔界相望，两市区间距离 9 公里，辖区面积 4015.1 平方公里，城市建成区面积 18 平方公里。根据国家住建部的"占用地标准"，城市建成区面积应为每平方公里建成区容纳 1 万人口，而 2013 年二连浩特每平方公里建成区仅容纳 0.2692 万人口，为标准排名研究院 2015 年公布的 658 个设市城市中最低的，因而在"中国大陆城市'鬼城'指数排行榜（2015）"

中名列第一，是一座典型的"鬼城""空城"。

出现这样的问题，同样可以归结为二连浩特的产业发展、人口吸纳严重滞后于城市空间的扩张所致，疲软的人口吸纳能力导致新城区的规划面积和拟容纳人口远超现实。

二连浩特的产业主要有：一是国际贸易和物流业。主要从事面向蒙古国和俄罗斯东、西伯利亚地区的进出口贸易和物流，被内蒙古自治区认定为外贸转型升级基地，列为陆上边境口岸型国家物流枢纽承载城市。二是进出口加工业。主要是依托蒙俄进口资源，发展以黑色金属、有色金属、萤石、石油化工、木材、农畜产品等资源为原料的进口加工业。三是边境特色文化旅游业。主要是立足民族、口岸特色，构筑以文化旅游、文艺演出、影视制作、文体娱乐、民俗及民族服饰展示表演、民族手工艺品制作、文化会展、民族文化艺术培训、体育健身等为重点的文化产业体系。四是新能源产业。主要是利用良好的风光资源，加快风光功率预测系统建设，发展多种调峰电源和储能方式，推进新型太阳能发电技术研发，推动建设智能电网。

不过，目前二连浩特的产业发展仍然存在诸多短板：受国内市场疲软和蒙俄经济低迷影响，进出口贸易增长仍存在不确定性；加工业基础薄弱，规模小、层次低，缺乏大项目支撑，对财政贡献率不高；旅游业尚在培育发展阶段，知名度和影响力不高，旅游基础设施、服务能力有待进一步提升；电力负荷不足，外送通道不畅，制约清洁能源业发展。正是这些"短板"，使二连浩特的人口吸纳能力相对较弱，最终成为排名第一的"鬼城"。

3. 四川省成都市龙潭水乡古镇

龙潭水乡位于成都市成华区龙潭总部经济城核心区域，占地面积 220 亩，曾经被誉为"成都清明上河图""成都周庄"。这座建设风格融合了江南水乡和川西居民特点的古镇，既有南派建筑的精准、典雅，又有川西建设的恢宏、磅礴。水乡由三个不同风格的岛组成，游客可以乘坐游船，欣赏这三个小岛迥异的建筑。按照最初的规划，龙潭水乡是集休闲娱乐、商务交谈为一体的综合商业街区。但仅在开业 4 年后，就宣告失败，成为特色古镇建设的反面教材。之所以出现这种情况，主要有两个方面的原因：

（1）选址不合理，交通不便。本该是文旅小镇的龙潭水乡竟然是建立在工业用地之上。周围遍布着密密麻麻的写字楼和工业厂房，与充满古韵的龙潭水乡在一块显得特别突兀，古代与现代的碰撞让人觉得格格不入，造成小环境很难营造出休闲度假的氛围，影响项目品质的完美呈现。外围道路路况复杂，也难以让消费者快捷到达。

（2）缺乏灵魂，空有一副好皮囊。龙潭水乡古色古香的建筑，小桥流水的情景，可谓比周庄本身还要精致，只是这种蕴含"江南水乡"的"文化"是一个飞来的外来文化，与成都、西蜀乃至西南关联系并不强，游客游览时感受不到历史的厚重感。

龙潭水乡古镇的失败说明，新型城镇化一定要考虑产业发展的"可持续性"，只有具备可持续发展的产业作为支撑，新型城镇化才会真正成为现实。

三、案例小结

通过对成功与失败两个方面的案例进行分析，可以发现，成功的城镇化之所以成功，关键是真正实现了"产城融合"，有了"以产兴城、以城促产"的良性循环；而失败的案例关键在于"产城脱节"，其中，主要的是产业发展与人口吸纳滞后于空间城镇化。可见，产业支撑是新型城镇化发展的核心，只是，对于不同类型的城镇来说，产业发展的前景可能是不一样的，这里可以分两种类型来进行分析：大中城市与小城镇。

（1）大中城市。一般来说，大中城市具备产业发展的天然优势，包括产业基础、资源聚集能力、基础设施条件等。因此，除了资源枯竭型城市和急剧扩张的新城新区以外，大中城市本身的发展不会带来严重的"产城脱节"现象。并且，正如曾祥炎等（2018）指出，大中城市，特别是一些高级别城市，由于人力资本较为丰裕，即使短期出现城市蔓延，长期也有可能因较强的资源集聚能力而得到修正。

（2）小城镇。小城镇的情形比较复杂，而且稍有不慎，就有可能出现"产城脱节"现象，这也是近年来中小城市与小城镇成为"鬼城"频出的重要原因。对于小城镇，可以分为四类：一是位于大城市1～2小时交通圈内的城镇，可以通过承接大城市的人口、产业外溢建设为产业型特色小镇；二是位于交通发达的节点上，且具备深厚的产业属性，同时具有良好的历史、自然基础，产业及旅游发展较为均衡的小镇，通常可以通过统一规划和资金支持等措施打造高度专业化的产业集聚地；三是具备得天独厚的资源禀赋和强大的运营能力，足以抵消区位不利影响的"孤点分布"型小镇，可以发展以旅游业、服务业和文化产业为主的特色小镇；四是不具备上述"优势"的小城镇，应该发展以服务当地居民为主要的产业，不宜进行过于激进的产业规划和城镇化建设。

第三节　案例的经济学分析：基于异质工人自我选择模型

为了更深入地进行案例剖析，首先，对失败的案例进行拓展，拓展的方式是对中国城镇化过程中"城市病"的形成进行系统分析；其次，基于人力资本空间异质性视角，对此进行理论上的解释。

一、中国的"城市病"：失败案例拓展

在国际社会，城市病一般是指大城市人口、工业、交通运输过度集中而造成的人口膨胀、交通拥挤、住房困难、环境恶劣、资源紧张等种种弊病。但在中国，城市病的内涵存在拓展的必要，原因在于，相对于健康的城市化而言，中国因"空间—产业—人口"失衡导致的种种弊病不仅出现在大城市，也普遍地存在于大、中、小城市与小城镇当中。近年来，大城市核心区日益拥挤不堪、中小城市新区"鬼城"频现、小城市（镇）的"庸堕化"趋向，尽管展示的是三幅不同的城市图景，但无一不是因"空间—产业—人口"失衡所致：大城市核心区拥挤不堪源于人口集聚规模超出了其空间承载，中小城市新区"鬼城"频现源于人口集聚速度滞后于产业布局与空间开发，小城市（镇）"庸堕化"趋向源于人口集聚缺乏产业支撑。

1. 数据处理结果

一般来说，政府与市场两种力量共同作用，决定了城市的空间、产业与人口布局。通过对 1980 年以来大、中、小城市（镇）的相关数据统计，可以初

步发现这两种力量共同作用的结果。为了便于统计分析，同时也为了更好地体现"城市行政等级制度"的政策内涵，这里的"大城市"指国家统计局常用到的概念"35 个大中城市"①，中等城市是指"除 35 个大中城市以外的地级市"，其他均为小城市（镇）。大、中城市的人口、产业（用规模以上工业总产值表示）、空间（用市辖区土地面积表示）数据均源自历年《中国城市统计年鉴》；小城市（镇）人口缺失专门的统计数据，这里用全国城镇人口数减去大、中城市的人口数代替，全国城镇人口数据源自历年《中国统计年鉴》，用全国总人口乘以城镇化率得到；小城市（镇）的产业数据用"乡镇企业工业总产值"表示，其数据源自历年《中国乡镇企业及农产品加工业年鉴》；小城市（镇）建成区面积由于受限于数据可获得性，暂时无法获取。同时，为了更好地比较大、中、小城市（镇）空间、产业与人口布局的变化情况，这里将最初年份的数据都标准化为 1，后续年份都按最初年份的数据进行标准化，其含义为最初年份的"若干倍"。

（1）人口。如图 7-1 所示，1984 年大、中、小城市（镇）的人口分别为

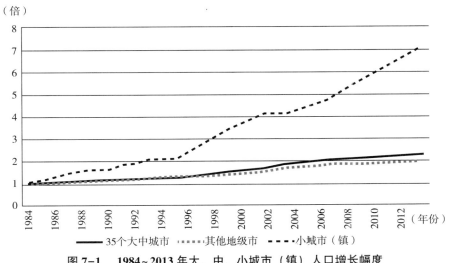

图 7-1　1984~2013 年大、中、小城市（镇）人口增长幅度

---

①　35 个城市是指 4 个直辖市、22 个省会城市、4 个自治区首府（西藏拉萨除外）、5 个计划单列市（大连、青岛、宁波、厦门、深圳），因而较好地代表了"城市行政等级制度"中较高级别的城市。

6655.3 万人、12788.9 万人与 4572.9 万人，到 2013 年，大、中、小城市
（镇）的人口分别为 1984 年的 2.3 倍（15331.1 万人）、1.98 倍（25379.2 万
人）与 7.1 倍（32400.7 万人）。说明从人口聚集的角度来看，总体上，户籍
制度的壁垒作用与"发展小城镇"的政策是有效的，因为，与 30 年间小城市
（镇）人口扩张为原来的 7.1 倍相比，大、中城市人口只扩张为原来的 2 倍左
右，小城市（镇）的人口增长速度要快得多，城镇化人口更多地向小城市
（镇）聚集；而"限制大城市"发展的政策效果则并不明显，因为与中等城市
人口扩张为原来的 1.98 倍相比，大城市的人口扩张为原来的 2.3 倍，增长速
度更快一些，说明等级高的大城市，由于集中了大量的经济资源，其人口的吸
聚能力更强，市场力量发挥了重要作用。

（2）产业。如图 7-2 所示，2001 年大、中城市的规模以上工业总产值分别为
39509.7 亿元与 52439.6 亿元，到 2013 年，分别为 2001 年的 8.2 倍（323562.1 亿
元）与 13.0 倍（683991.7 亿元）；2000 年小城市（镇）的乡镇企业工业总产值
为 82456.4 亿元，到 2011 年增长为 2000 年的 3.9 倍（325154.8 亿元）。说明
从工业经济聚集的角度来看，中等城市的聚集效应最为明显，而小城市（镇）
的聚集效应远弱于大、中城市，其结果不能对"限制大城市发展小城镇"的
政策形成支持。因为在最近的 10 多年，虽然大、中城市均保持了快速的工业

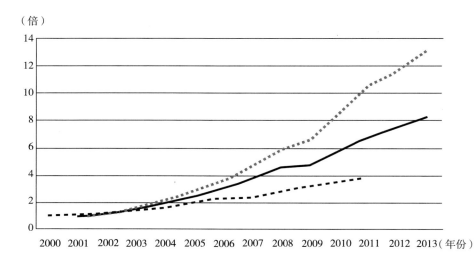

图 7-2　2000~2013 年大、中、小城市（镇）产业增长幅度

增长速度，但中等城市明显比大城市快得多，说明中等城市有着强大的工业经济聚集能力；而 20 世纪 80 年代末至 90 年代中期曾经是中国经济中最活跃部分的乡镇企业，最近 10 多年的增速则远低于大、中城市的工业增长速度，说明小城市（镇）的工业经济聚集优势正在丧失。

（3）空间。如图 7-3 所示，2003 年大、中城市的平均城市建设用地面积分别为 294.5 平方公里与 49.1 平方公里，到 2013 年，分别为 2003 年的 1.6 倍（484.9 平方公里）与 1.8 倍（86.8 平方公里）。另外，根据《中国城市发展报告（2015）》，全国设市城市建设用地面积①从 1981 年的 6720 平方公里扩增至 2014 年的 4.99 万平方公里，扩张为 1981 年的 7.43 倍。说明从空间扩张的角度看，由于开发区建设引发的快速工业化与空间城镇化，不论是大城市还是中等城市，都保持着"城市蔓延"的趋势，特别是 2009 年之后，中等城市建设用地面积增速已经超过大城市，空间上呈现出比大城市更快的扩张态势。

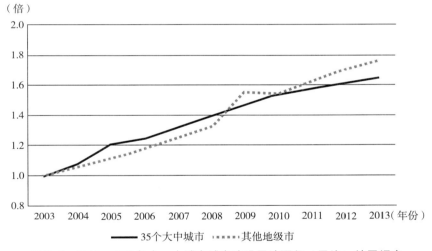

图 7-3　2003～2013 年大、中城市城市建设用地面积（平均）扩展幅度

2. 中国系统性城镇化失衡的形成

从均衡结果来看，中国的大、中、小城市（镇）在发展过程中均出现了

---

①　由于相关数据获取存在严重限制，这里用《中国城市发展报告（2015）》已有的总量数据进行"长期"说明。

"空间—产业—人口"失衡，形成了具有系统性的城镇化失衡问题。

（1）大城市。依据均衡结果，大城市的人口、产业、空间均呈现高速扩张态势，这一方面表明城市行政等级制度与开发区建设等政府力量的有效性，另一方面也说明了户籍门槛与限制人口向大城市流动的相关政策在强大的市场力量下具有一定程度的脆弱性。其结果：一是快速空间城镇化导致大城市出现了许多"城中村"与"棚户区"，给城市的健康发展带来诸多隐患；二是人口大规模聚居于大城市，导致大城市的人口密度居高不下。大城市核心区人口过多、密度过大，必然导致"大城市病"。

（2）中等城市。依据均衡结果，虽然中等城市的人口、产业、空间都扩张迅速，但相对而言，人口的增速要滞后于空间，更远低于产业，说明开发区建设推动了中等城市快速的空间扩张与高速的产业发展，而户籍门槛与限制人口向大城市流动的相关政策极大地影响了农村居民向中等城市进行"永久性迁移"。同时，城市行政等级制度使中等城市无法获取与大城市同质的公共服务，导致市场内在的集聚效应难以充分发挥。其结果是：一方面，快速扩张的城市空间由于缺乏足够的人口支撑而变成"鬼城"。中等城市新城区与开发区在产业"空转"乏力衰退后成为"鬼城"现象较为普遍。另一方面，由于高速发展的产业人力资本的日益短缺而难以持续，一些中等城市的新城区与开发区，在人口吸集不足的同时，高端人才严重短缺，无法适应产业调整发展需要，很多企业因而成为产业转移中的"候鸟"，一旦这些"候鸟"再"迁徙"，城市的产业发展与城镇化就会陷入停顿。

（3）小城市（镇）。依据均衡结果，小城市（镇）面临着人口剧增与制造业衰退的双重压力，而与此相伴随的是，小城市（镇）空间的无序蔓延。其结果是：一方面，小城市（镇）人口质量的乡村化趋势。受户籍门槛与限制人口向大城市流动的相关政策影响，相比于大中城市的高迁移成本，农村人口更倾向于迁入迁移成本较低的小城市（镇），导致小城市（镇）由农村人口主导，呈现"半城半乡"景象。另一方面，小城市（镇）发展缺乏产业支撑。相比于大中城市内在的集聚效应，低素质的劳动人口、交通条件的限制、经济规模的狭小等使小城市（镇）只具备低集聚效应，结果是大多数小城市（镇）产业结构较为单一，经济缺乏活力，难以从产业上支撑人口快速增长。

由此可见，在政府与市场力量的共同作用下，中国大、中、小城市（镇）

都面临发展失衡问题，不过"病因"不同：大城市核心区的"病因"在于人口集聚规模超出了其空间承载能力，中等城市的"病因"在于人口集聚速度滞后于产业布局与空间开发，小城市（镇）的"病因"则在于人口集聚规模缺乏产业支撑。

二、中国"城市病"的理论解释：异质工人自我选择模型

参考 Venables（2011）的异质工人自我选择模型。假设劳动力总数 N 标准化为 1，可以区分为高技能工人 H 和低技能工人 L 两个大类。有两个城市 1 和 2 供他们选择，劳动者选择城市的主要原因是预期收益与成本，其中，预期收益主要取决于城市劳动力技能结构，而成本则与城市人口聚集引致的"拥挤"程度及迁移成本密切相关。假定 N_{iH}、N_{iL}（$i=1$，2；下同）分别表示城市高技能工人和低技能工人的人数，则 $n_{iH}=N_{iH}/N_i$，$n_{iL}=N_{iL}/N_i$ 分别表示城市高技能工人和低技能工人的比重，因此，有 $n_{iH}+n_{iL}=1$。为了分析简便，接下来只考虑城市 2 比城市 1 高技能工人比重更高的情形，即假定初始时两个城市的人口一样多，均为 1/2，且 $n_{2H}^o>n_{1H}^o$、$n_{2L}^o<n_{1L}^o$。

一般情况下，无论是高技能工人还是低技能工人，都倾向于与高技能工人进行合作，因为与高技能工人进行合作可以获取更高的劳动生产效率。假设一名高技能工人与高技能工人、低技能工人合作生产的预期工资收入分别为 v_{HH}、v_{HL}，而一名低技能工人与高技能工人、低技能工人合作生产的预期工资收入分别为 v_{LH}、v_{LL}，则 $v_{HH}>v_{HL}>v_{LH}>v_{LL}$。令 $\Delta v_H=v_{HH}-v_{HL}$、$\Delta v_L=v_{LH}-v_{LL}$ 分别表示当高技能工人和低技能工人与高技能工人合作时的收入增长，则可进一步假定 $\Delta v_H>\Delta v_L$，说明高技能工人的"溢出效应"更为明显（Audretsch & Feldman，1996；Glaeser & Mare，2001；Berry & Glaeser，2005）。

1. 城市劳动力技能结构与人口迁移

城市劳动力技能结构不同，对城市之间人口迁移的影响，可以从"量"和"质"两个方面加以理解。

（1）城市劳动力技能结构对城市人口数量的影响。劳动者选择工作城市的原因首先是不同城市的预期收益，假设劳动者在城市的合作生产者是随机搭配的，高技能工人选择工作城市 i 的期望收益为 $E(U_{iH})=E(W_{iH})=n_{iH}v_{HH}+$

$n_{iL}v_{HL}$，其中，U_i、W_i 分别表示城市 i 的收益与工资水平；而低技能工人选择工作城市 i 的期望收益为 $E(U_{iL})=E(W_{iL})=n_{iH}v_{LH}+n_{iL}v_{LL}$。由于 v_{HH}、v_{HL}、v_{LH}、v_{LL} 短期内不会发生变化，城市高技能工人的比重就成了劳动者期望收益高低的决定因素，在 $n_{2H}^o>n_{1H}^o$ 的初始条件下，有 $E(U_{2H})>E(U_{1H})$、$E(U_{2L})>E(U_{1L})$，因此，如果仅仅考虑预期收益，人口将由城市 1 大规模向城市 2 迁移聚集。

（2）城市劳动力技能结构对城市人口质量的影响。假设每个城市都有一个最优的劳动力技能匹配结构 $\lambda_i^o=n_{iH}^o/n_i^o$，由于 $n_{2H}^o>n_{1H}^o$、$n_{2L}^o<n_{1L}^o$，所以有 $\lambda_2^o>\lambda_1^o$。任何偏离最优劳动力技能匹配结构都会导致城市人口的变化，当 $\lambda_i<\lambda_i^o$ 时，城市高技能工人比例下降，城市预期收益下降，部分低技能工人会因此迁出使城市劳动力技能匹配结构提高到 λ_i^o[1]，或者城市被迫降低生产效率来容纳"过多"的低技能工人；同理，当 $\lambda_i>\lambda_i^o$ 时，城市高技能工人比例偏高，城市预期收益上升，要么迁入更多的低技能工人，要么提高城市的生产效率来容纳"过多"的高技能工人。根据前文分析，由于 $n_{2H}^o>n_{1H}^o$，导致城市 1 的人口大规模向城市 2 迁移，假设城市 1 的人口按 λ_1^o 的结构向城市 2 迁移，此时，城市 2 劳动力的结构变为：$\lambda_2'=\dfrac{\lambda_2^o+c\lambda_1^o}{1+c}=\dfrac{\lambda_2^o+c(\lambda_2^o+\lambda_1^o-\lambda_2^o)}{1+c}=\lambda_2^o+c(\lambda_1^o-\lambda_2^o)<\lambda_2^o$（$c$ 为城市 1 向城市 2 迁移人口占城市 1 总人口的比重，因此 $0<c<1$），说明城市 2 高技能工人比例下降了，城市 2 的预期收益会因此下降，在城市 2 不降低其生产效率的情况下[2]，部分低技能工人将因找不到合适的工作迁出城市 2 "回流"城市 1。此时，$\lambda_1'=\dfrac{(1-c)\lambda_1^o}{1-c+c(\lambda_2^o-\lambda_1^o)}\leqslant\lambda_1^o$，说明当这部分低技能工人回流时，城市 1 高技能工人比例会下降，进而会导致城市 1 生产效率降低。

命题 1：高技能工人比例高的城市具有更强大的人口吸聚能力；并且城市劳动力技能结构差异最终会导致城市人口质量出现"马太效应"。

---

[1]　一般认为，大城市对劳动力尤其是高技能工人的流入具有锁人效应和自我循环的功能（踪家峰和周亮，2015），因此，高技能工人不会轻易迁出；高技能工人不会迁出的另一个原因还在于，由城市高技能工人比例下降，高技能工人相对"稀缺"，边际产出较高使得收益分配对他们有利。

[2]　由于城市 2 为更高"层级"的城市，在对高技能工人的流入具有锁人效应和自我循环功能的前提下，一种较为合理的假设是其生产效率不会因人口迁移而下降。

2. "拥挤"成本与人口迁移

"拥挤"成本对城市之间人口迁移的影响，也可以从"量"和"质"两个方面进行分析。

（1）"拥挤"成本对城市人口数量的影响。一般认为，随着城市人口的快速增长，城市的生活成本会因住房、交通、就业、环境等"拥挤"效应造成生活成本的快速上升，可表示为 $C(c_i)=C(N_i)$，$C'(N_i)>0$，$C''(N_i)>0$。则高技能工人与低技能工人选择城市 i 的期望收益分别为 $E(U_{iH})=E(W_{iH})-C(N_i)=n_{iH}\upsilon_{HH}+n_{iL}\upsilon_{HL}-C(N_i)$ 与 $E(U_{iL})=E(W_{iL})-C(N_i)=n_{iH}\upsilon_{LH}+n_{iL}\upsilon_{LL}-C(N_i)$。不同城市的期望收益之差为 $\Delta E(U_H)=E(U_{2H})-E(U_{1H})=(n_{2H}\upsilon_{HH}+n_{2L}\upsilon_{HL}-n_{1H}\upsilon_{HH}-n_{1L}\upsilon_{HL})-(C(N_2)-C(N_1))$、$\Delta E(U_L)=E(U_{2L})-E(U_{1L})=(n_{2H}\upsilon_{LH}+n_{2L}\upsilon_{LL}-n_{1H}\upsilon_{LH}-n_{1L}\upsilon_{LL})-(C(N_2)-C(N_1))$，由于 $n_{2H}\upsilon_{HH}+n_{2L}\upsilon_{HL}-n_{1H}\upsilon_{HH}-n_{1L}\upsilon_{HL}>0$、$n_{2H}\upsilon_{LH}+n_{2L}\upsilon_{LL}-n_{1H}\upsilon_{LH}-n_{1L}\upsilon_{LL}>0$ 并保持相对稳定或略有上升[①]，而 $C(N_2)-C(N_1)$ 是随着城市 2 人口不断增长、城市 1 人口不断下降而不断增长，因此，理论上总会存在使 $\Delta E(U_H)>0$ 到 $\Delta E(U_H)<0$、$\Delta E(U_L)>0$ 到 $\Delta E(U_L)<0$ 的转折点，说明当城市 2 "拥挤"成本升高到一定程度，部分城市 2 的人口将向城市 1 "回流"。

（2）"拥挤"成本对城市人口质量的影响。比较高、低技能工人迁移的期望收益之差为：

$$\Delta E(U_H)-\Delta E(U_L)=(n_{2H}\upsilon_{HH}+n_{2L}\upsilon_{HL}-n_{1H}\upsilon_{HH}-n_{1L}\upsilon_{HL})-(n_{2H}\upsilon_{LH}+n_{2L}\upsilon_{LL}-n_{1H}\upsilon_{LH}-n_{1L}\upsilon_{LL})$$

$$=(n_{2H}-n_{1H})(\upsilon_{HH}-\upsilon_{LH})+(n_{2L}-n_{1L})(\upsilon_{HL}-\upsilon_{LL})$$

$$=(n_{2H}-n_{1H})(\upsilon_{HH}-\upsilon_{LH})+[(1-n_{2H})-(1-n_{1H})](\upsilon_{HL}-\upsilon_{LL})$$

$$=(n_{2H}-n_{1H})(\upsilon_{HH}-\upsilon_{LH}-\upsilon_{HL}+\upsilon_{LL})$$

$$=(n_{2H}-n_{1H})[(\upsilon_{HH}-\upsilon_{HL})-(\upsilon_{LH}-\upsilon_{LL})]$$

$$=(n_{2H}-n_{1H})(\Delta\upsilon_H-\Delta\upsilon_L)$$

由于 $n_{2H}>n_{1H}$、$\Delta\upsilon_H>\Delta\upsilon_L$，因此，$\Delta E(U_H)-\Delta E(U_L)>0$，说明城市 2 的"拥挤"成本上升时，低技能工人要比高技能工人更早遇到转折点。所以，当城市 2 "拥挤"成本升高到一定程度时，部分低技能工人"率先"由城市 2 的人

---

① 产生这一结果的原因是，根据假设，短期内城市 2 的城市劳动力技能结构不变，而城市 1 高技能工人比例会有所下降。

口将向城市 1 "回流"，其结果必然使城市 1 高技能工人比例下降，城市 1 的生产效率会进一步降低。

命题 2：当高技能工人比例高的城市因人口迁入导致"拥挤"成本升高到一定程度时，其人口吸聚能力会减弱，出现人口"回流"现象；并且因城市"拥挤"成本引发的人口流动会强化城市人口质量的"马太效应"。

3. 迁移成本与人口迁移

迁移成本对城市之间人口迁移的影响，同样可以从"量"和"质"两个方面进行说明。

（1）迁移成本对城市人口数量的影响。在人口迁移过程中，无论是高技能工人还是低技能工人，都会面临两大类成本：一类是与交通基础设施等相关的交通成本，另一类是与政府管制等相关的制度壁垒成本。交通成本对两个城市来说是一样的，用 tf 表示交通设施状况，则交通成本可表示为 $C(tf)$，由于交通设施越完善交通成本越小，因此，有 $C'(tf)<0$；用 br 表示政府管制情况，城市 i 的制度壁垒成本可表示为 $C(br_i)$，由于政府管制越少制度壁垒越小，因此，有 $C'(br_i)<0$，同时，考虑到许多城市对不同质量的人口实施歧视政策，往往对高技能工人提供各种各样的优惠政策，因此有 $C(br_{iL})>C(br_{iH})$。此时，高技能工人与低技能工人由城市 1 迁移至城市 2 期望收益的变化分别为：$\Delta E(U_H)=E(U_{2H})-E(U_{1H})=(n_{2H}v_{HH}+n_{2L}v_{HL}-n_{1H}v_{HH}-n_{1L}v_{HL})-(C(N_2)-C(N_1))-C(tf)-C(br_{iH})$、$\Delta E(U_L)=E(U_{2L})-E(U_{1L})=(n_{2H}v_{LH}+n_{2L}v_{LL}-n_{1H}v_{LH}-n_{1L}v_{LL})-(C(N_2)-C(N_1))-C(tf)-C(br_{iL})$，由此可见，在交通成本与制度壁垒成本相当高使 $\Delta E(U_H)<0$、$\Delta E(U_L)<0$ 时，不会发生人口迁移，只有交通成本与制度壁垒成本不断下降，理论上总会存在使 $\Delta E(U_H)<0$ 到 $\Delta E(U_H)>0$、$\Delta E(U_L)<0$ 到 $\Delta E(U_L)>0$ 的转折点，说明交通成本与制度壁垒成本的降低有利于人口迁移，这里是由预期收益低的城市 1 迁移至预期收益高的城市 2。

（2）迁移成本对城市人口质量的影响。比较高、低技能工人迁移的期望收益之差为：

$$\Delta E(U_H)-\Delta E(U_L)=(n_{2H}-n_{1H})(\Delta v_H-\Delta v_L)-C(br_{iH})+C(br_{iL})$$
$$=(n_{2H}-n_{1H})(\Delta v_H-\Delta v_L)+[C(br_{iL})-C(br_{iH})]$$

由于 $n_{2H}>n_{1H}$、$\Delta v_H>\Delta v_L$、$C(br_{iL})-C(br_{iH})>0$，因此，$\Delta E(U_H)-\Delta E(U_L)>0$，说明在人口迁移过程中，高技能工人要比低技能工人更早遇到转折点。所

以，当交通成本与制度壁垒成本下降时，部分高技能工人"率先"由城市1迁往城市2，其结果必然使城市1高技能工人比例下降，城市1的生产效率会进一步降低。

命题3：城市交通成本与制度壁垒成本下降，会增强高技能工人比例高的城市人口吸聚能力；并且，因迁移成本引发的人口流动会进一步强化城市人口质量的"马太效应"。

根据命题1~命题3，城市人口质量的差异必然使城市具备差异化的人口吸聚能力，城市人口质量越高，人口吸聚能力越强，最终的结果是，人口大规模向人口质量高的城市迁移聚集使这些城市的规模越来越大，而另一些城市的规模会相对变小①；城市人口质量的"马太效应"会使一些城市的人口质量越来越高，而另一些城市的人口质量会相对变低。反思中国"鬼城"的产生，很可能就是一些地方在实施土地城镇化"先行"策略过程中，没有充分考虑自身的人力资本情况，人口吸聚能力未能达到预期目标所致。基于此，可以进一步提出以下推论：

推论1：如果地方政府不充分考虑当地的人力资本情况，盲目实施土地城镇化"先行"策略，会导致城市人口城镇化严重滞后，增大建造"鬼城"的风险。

4. 计量模型、变量选取与数据说明

为了检验研究的理论命题，我们构建式（7-1）和式（7-2）所表示的计量模型。

$$pop_{size_i} = \alpha + \alpha_1 Skill_i + \alpha_2 LnCong_i + \alpha_3 (LnCong_i)^2 + \alpha_4 LnMig_i + \alpha_5 (LnMig_i)^2 + \alpha_6 C_i + \varepsilon_i \qquad (7-1)$$

$$pop_{quality_i} = \alpha + \alpha_1 Skill_i + \alpha_2 LnCong_i + \alpha_3 (LnCong_i)^2 + \alpha_4 LnMig_i + \alpha_5 (LnMig_i)^2 + \alpha_6 C_i + \varepsilon_i \qquad (7-2)$$

其中，i 表示城市，pop_{size} 表示人口数量，用年末总人口数表示。$pop_{quality}$ 表示人口质量，由于数据的可获得性，学者通常以受教育水平表征人口质量水平（赵志威和吴铁雄，2010；黄玖立等，2014），这里也选取人均受教育年限作为人口质量的代理变量。$Skill$ 表示劳动技能结构，表示高技能工人的占比，

---

① 重要说明：这里没有考虑农村人口的市民化问题，如果考虑农村人口的市民化，另一些城市规模不一定缩小。

用大专及本科以上人口数除以劳动年龄人口数得到。LNCong 表示人口拥挤成本的对数，使用各城市市辖区人口密度的对数表示（聂飞和刘海云，2016）。LnMig 表示迁移成本的对数，迁移成本包括与交通基础设施等相关的交通成本和政府管制等相关的制度壁垒成本，表现为政府的基本建设支出、教育支出、社会保障支出和行政管理支出的强度，因此，可使用人均财政支出额作为人口迁移成本的代理变量，人均财政支出额越大，迁移成本越小。为了反映拥挤成本以及迁移成本对人口数量和人口质量的二次曲线的影响关系，分别加入了拥挤成本和迁移成本的二次项（LnCong_i）^{2} 和（LnMig_i）^{2}。C 表示控制变量的集合，包括经济发展水平和产业结构变量的一次项和二次项，经济发展水平使用城市人均 GDP 表示，产业结构使用第二产业与第三产业增加值之比表示。

其中，人口平均受教育年限和高技能人口占比数据来源于《全国第五次人口普查》和《全国第六次人口普查》，因此，接下来使用 2001 年与 2010 年全国地级市的截面数据进行回归，其他变量数据均来源于 2001 年和 2011 年《中国城市统计年鉴》。由于部分城市数据缺失，最终样本城市为 260 个，共520 个样本量（见表 7-3）。

表 7-3　变量说明与描述性统计

变量名	变量含义	样本量	均值	标准差	中位数	最小值	最大值
人口数量	市辖区年末总人口对数	520	4.511	0.733	4.430	2.770	7.341
人口质量	人口平均受教育年限（年）	520	8.392	0.985	8.390	5.850	11.71
劳动力技能结构	大专及本科以上人口数/劳动年龄人口数	520	6.366	4.872	5.130	0.750	32.84
拥挤成本	人口密度对数	520	6.670	0.907	6.724	2.565	9.346
迁移成本	人均财政支出额对数	520	6.882	1.654	7.546	2.785	10.79
经济发展水平	人均 GDP 对数	520	9.986	0.937	9.996	7.645	12.82
产业结构	第二产业增加值/第三产业增加值	520	1.435	1.065	1.240	0.249	12.64

5. 基本回归结果

表 7-4 中模型（1）与模型（4）的回归结果表明了城市劳动力技能结构对城市人口数量的影响，其中模型（1）只包含劳动力技能结构一个核心解释

表7-4　基本回归结果

变量	(1)人口数量	(2)人口数量	(3)人口数量	(4)人口数量	(5)人口数量	(6)人口质量	(7)人口质量	(8)人口质量	(9)人口质量	(10)人口质量
高技能工人占比	0.0818***(0.0091)				0.0791***(0.0086)	0.1347***(0.0057)			0.1154***(0.0048)	0.1172***(0.0057)
人口密度对数		1.2319***(0.1872)		1.5441***(0.2262)	1.5605***(0.2240)		-0.7965***(0.2390)		-0.3610***(0.1197)	-0.3662**(0.1479)
人口密度对数平方		-0.0820***(0.0155)		-0.1041***(0.0176)	-0.1053***(0.0174)		0.0591***(0.0184)		0.0324***(0.0092)	0.0327***(0.0115)
人均财政支出额对数			0.7388***(0.2093)	0.6775***(0.2015)	0.6189***(0.1762)			0.0782(0.1888)	0.1835(0.1384)	0.2018*(0.1163)
人均财政支出额对数平方			-0.0474***(0.0168)	-0.0453***(0.0166)	-0.0351**(0.0143)			0.0184(0.0149)	0.0020(0.0107)	-0.0012(0.0094)
产业结构	-0.2121***(0.0716)	-0.3306***(0.0539)	-0.3706***(0.0634)	-0.1449***(0.0514)	-0.1472***(0.0556)	-0.0011(0.0405)	-0.2919***(0.0619)	-0.2150***(0.0569)	0.0052(0.0348)	0.0058(0.0367)
产业结构平方	0.0112(0.0074)	0.0240***(0.0043)	0.0227***(0.0055)	0.0112**(0.0047)	0.0109**(0.0055)	-0.0027(0.0034)	0.0165***(0.0056)	0.0166***(0.0055)	-0.0007(0.0031)	-0.0006(0.0036)
人均GDP对数	-0.8227*(0.4936)	-2.1723***(0.1763)	-3.2378***(0.6171)	-2.6013***(0.5359)	-2.4795***(0.5858)	1.6460***(0.3696)	0.1405(0.4643)	-0.2450(0.5734)	0.7299(0.4480)	0.6919*(0.3867)
人均GDP对数平方	0.0377(0.0250)	0.1193***(0.0240)	0.1671***(0.0320)	0.1192***(0.0278)	0.1130***(0.0295)	-0.0653***(0.0186)	0.0364(0.0232)	0.0306(0.0292)	-0.0323(0.0224)	-0.0303(0.0195)
常数项	8.6812***(2.4186)	10.0952***(2.4456)	17.7883***(2.6406)	10.1554***(2.4519)	9.4398***(2.7854)	-2.3196(1.8344)	6.3259**(2.4654)	6.5573***(2.4991)	3.1906(2.0882)	3.4143*(1.8388)
N	520	520	520	520	520	520	520	520	520	520
R²	0.298	0.239	0.206	0.420	0.408	0.832	0.645	0.720	0.861	0.752

注：括号内为标准误差，*，**，*** 分别表示10%、5%、1%的显著性水平，所有估计均使用修正异方差的稳健标准差。

变量，模型（4）加入了拥挤成本与迁移成本两个核心解释变量，从估计结果可以发现，无论是否考虑拥挤成本与迁移成本，城市劳动力技能结构与城市人口数量间的关系都为正，且在1%水平上高度显著。模型（6）与模型（9）的回归结果则表明城市劳动力技能结构对城市人口质量的影响，估计结果也显示，无论是否考虑拥挤成本与迁移成本，城市劳动力技能结构与城市人口质量的系数在1%水平上都高度显著为正。回归结果较好地验证了命题1，说明受预期收益影响，由于高技能工人比例高的城市有更高的人口吸聚能力，人口数量增长更快，人口质量也有着更高的提升速度。

表7-4中模型（2）与模型（4）的回归结果表明了衡量城市拥挤成本的变量——人口密度对数对城市人口数量的影响，其一次项系数为正，二次项系数为负，且在统计上均十分显著，表明城市人口数量与人口密度之间呈"∩"型关系，说明城市因住房、交通、就业、环境等"拥挤"效应造成的生活成本较低时，城市人口呈现"流入"状态，但当城市"拥挤"成本升高到一定程度时，城市人口就有可能呈现"流出"态势。模型（7）与模型（9）的回归结果则表明了人口密度对数对城市人口质量的影响，估计结果表明城市人口质量与人口密度之间呈"U"型关系，说明城市因住房、交通、就业、环境等"拥挤"效应造成的生活成本较低时，尽管大比例的低技术劳动力流入，城市人口质量是下降的，但当生活成本升高到一定程度时，迫使更高比例的低技能工人"回流"到原来的城市，城市人口质量反而上升。相关结论较好地验证了假设2，虽然拥挤成本对城市人口数量与质量的影响是不一致的，生活成本上升会减少人口流入，但会提高城市整体的人口质量。

表7-4中模型（3）与模型（4）的回归结果表明了衡量城市迁移成本的变量——人均财政支出额对数对城市人口数量的影响，其一次项系数为正，二次项系数为负，且在统计上均十分显著，表明城市人口数量与人均财政支出额之间呈"∩"型关系，说明当城市人均财政支出额水平处于相对低位时，城市人口呈现"流入"状态；当城市人均财政支出额水平上升到一定程度时，城市人口就有可能呈现"流出"态势。对此一种可能的解释是，当城市人均财政支出额水平较低时，更多地用于交通等基础设施建设，可以降低人口流动的交通成本，因公共服务导致的壁垒成本不太高，因而在总体上是减少迁移成本的；当人均财政支出额水平较高时，城市基础设施建设趋于完善，更多的财

政资金投入到公共服务当中，公共服务的高门槛增加了人口迁入的壁垒成本，因而在总体上增加了迁移成本。模型（8）与模型（9）的回归结具则表明了人均财政支出额对数对城市人口质量的影响，无论一次项还是二次项，其系数均为正，但并不显著，但在模型（10）的一阶差分回归结果中，其一次项系数不仅为正，而且在10%水平上显著，回归结果与我们的假设还是基本一致的，说明人均财政支出对城市人口质量具有一定的正向作用，其中，原因可能是交通成本的降低与制度壁垒成本的上升都会导致城市高技能人口比例的增长。相关结论基本上验证了假设3，城市交通成本与制度壁垒成本下降，都会引起人口流入的增加，但制度壁垒成本上升时，却会对低技能工人产生"挤出"效应，并推升城市的人口质量。

总之，实证结果较好地验证了假设1～假设3，说明城市人口质量的差异确实可能导致城市人口数量与质量的两极分化，在这种情况下，一些城市盲目扩城，人口与产业不能实现与空间扩展的有机结合，就极易陷入"鬼城"陷阱。

三、"鬼城"形成的进一步分析

以上实证分析的结果表明，城市劳动力技能结构或说人力资本丰裕程度与人口迁移之间存在着密切的关系，甚至可能最终影响到城市的"分层"。那些劳动力技能结构高或说人力资本丰裕的城市，可能会因为人口的大规模流入及人口质量的不断提高而变成级别更高的城市，而那些劳动力技能结构低或说人力资本不丰裕的城市，可能会因为人口的大规模流出及人口质量的不断下降而变成低级别城市。而且，城市人力资本丰裕程度不仅会影响到城市间的人口流动，也会因为城市的"分层"进一步影响制造业的空间分布。

根据中国各地级市2003年与2013年工业生产总值占全国的分额，可以分析各城市的工业经济集聚度的变化情况。首先，东部沿海地区的工业经济集聚度进一步增强，但三大区域存在较大差异。集聚度增强最为明显的是环渤海地区，其集聚范围迅速扩大，特别是山东半岛工业集聚经济效应十分显著，东营、临沂、聊城、菏泽、德州、滨州、潍坊等城市工业份额的增幅在全国较为靠前；长江三角洲地区次之，其集聚范围扩张也较为迅速，江苏徐州、南通、泰州、连云港等城市工业份额的增幅在全国也居于前列；而经济较为发达的珠江三角洲地区则有些令人意外，其工业经济集聚增势并不明显，大多数城市工业份额并无明显变化。其次，东北地区的工业经济集聚度有明显的下降趋势，大庆、哈尔滨、长春的工业份额降幅较大，特别是大庆下降了0.58个百分点。再次，中部地区工业经济集聚度有所增强，2003年中部地区有较多城市工业份额在0.01~0.1，到2013年许多都达到0.1~0.5，特别是河南郑州、湖南长沙、湖北武汉和襄樊、安徽合肥和芜湖等城市上升幅度较大。最后，西部地区工业经济集聚度变化不大，除了重庆市、四川成都、内蒙古鄂尔多斯等少量城市集聚度显著增强以外，其他城市的工业经济集聚度无明显变化。

以上事实是在进入21世纪后，中国陆续推出了西部大开发、振兴东北老工业基地、中部崛起等区域平衡战略之后出现的。可见，就工业经济集聚情况而言，这些重大战略的实施效果在不同地区并不相同：中部地区效果相对较好，西部地区效果不明显，东北地区工业经济集聚度不升反降。与此同时，近年来，虽然东部沿海地区面临要素成本上升的压力，国家也出台不少推动产业区际转移的政策，但工业经济集聚度却增强了，并有重心"北移"倾向。按常理，随着交通运输与信息网络的高速发展，跨地区产业活动的成本大大降低，工业企业的生产活动应快速向"外围地区"扩散，中国工业仍然高度集聚于要素成本相对昂贵的东部沿海和中心城市显然与此存在相悖之处。于是，理解中国工业经济集聚演化背后的故事显得非常必要，因为，随着国家区域平衡发展战略，许多内陆城市试图通过大规模投资建设各类经济开发区或新城区来推动产业聚集实现城镇化，但结果是，部分地区产业低聚集度与城镇空间无序扩张现象严重，"鬼城"频出。

除了地理位置以外，对此可以进一步提供解释的是城市劳动力技能结构或者说是人力资本差异。事实上，在工业化快速发展阶段，人力资本对工业化的支撑作用不可或缺，这一结论对于解释中国各区域2003~2013年工业经济集聚度的变化情况也极具说服力。

根据表7-5关于2003年人力资本的计算数据排名与标准排名研究院推出的针对658个设市城市的2015年度"鬼城"指数排行榜，结合前文计算的城市人力资本与工业经济聚集度相关数据发现，2003年，在人力资本排名前50

的城市中，东、中、西部分别为 36 个、11 个与 3 个，结果到 2013 年，尽管期间东部沿海地区面临着要素成本上升的约束，但工业经济集聚度却进一步增强了，中部地区工业经济集聚度有所上升，而西部地区除少数人力资本丰裕的城市以外，大多数城市的工业经济集聚度无明显变化。并且在东部地区，环渤海地区显然是人力资本最为密集的区域，除了北京、天津有着丰富的人力资本以外，2003 年山东省有 8 个城市人力资本拥有量进入全国前 50 名，这就可以为 2003～2013 年东部沿海工业经济出现重心"北移"现象以及山东半岛工业份额的增幅领先全国提供可能解释。另外，东北地区的工业经济集聚度呈下降趋势的原因较为复杂，既与该地区传统产业占比过高有关，也与其人力资本外流密切关联。

这一研究结论也为中国"鬼城"分布规律提供了一种可能的解释。因为工业化与人口聚集需要人力资本的支持，那些人力资本丰裕度低的城市，如果盲目实施土地城镇化"先行"策略，会由于缺乏吸引人口永久移居与企业"扎根"的要素积聚能力，极易使空间扩张得不到产业聚集与人口流入的支持而演变为"鬼城"。如表 7-5 所示，根据标准排名研究院推出的针对 658 个设市城市的 2015 年度"鬼城"指数排行榜，在排名前 50 的城市中，除省会城市拉萨外（排 48 位），非省会地级城市有 25 个，县级城市 24 个。分地区来看，西部有 25 个，中部 10 个，东部 15 个，其中，在前 10 名中，西部 9 个，中部 1 个（黑龙江绥芬河市），东部则没有。说明中国"鬼城"的分布具有一定的规律性，表现在两个方面：一是从城市层级来看，"鬼城"主要分布于非省会地级市与县级市，并且，从发展的趋势来看，县级市或县城已经成为"鬼城"频出的重灾区。二是从地区分布来看，虽然"鬼城"遍布于全国各地，但问题最为严重的是西部，东部与中部地区的严重程度相对轻一些。这恰恰与中国人力资本的空间分布特点相一致，因为中国人力资本的空间分布呈现城市行政等级与东、中、西部"双重"递减格局。在这样的人力资源空间分布格局下，部分低级别城市或西部地区城市，由于人力资本丰裕度低，在实施土地城镇化"先行"策略时更容易出现"鬼城"现象就非常容易理解了。

表 7-5　2003 年城市人力资本排名与 2015 年"鬼城"指数排名（前 50 名）

区域			人力资本排名（2003 年）	"鬼城"指数排名（2015 年）
东部	环渤海	北京	北京（1）	
		天津	天津（3）	
		山东	青岛（10）、济南（19）、烟台（24）、潍坊（32）、淄博（37）、威海（43）、临沂（44）、济宁（46）	威海（15）、莱芜（33）、烟台（39）、泰安（45）
		辽宁	大连（18）、沈阳（23）	东港（36）
		河北	石家庄（21）、唐山（22）、保定（36）、邯郸（49）	承德（29）
		江苏	苏州（5）、无锡（11）、南京（14）、南通（40）、徐州（47）、常州（48）	常熟（16）、太仓（30）、连云港（49）
	长三角	上海	上海（7）	
		浙江	杭州（9）、宁波（12）、温州（26）、绍兴（34）、台州（39）、嘉兴（50）	海宁（24）、衢州（34）
	珠三角	广东	广州（2）、深圳（4）、佛山（17）、东莞（35）	开平（18）、茂名（25）、鹤山（37）
	其他	福建	福州（15）、泉州（20）、厦门（42）	
		海南		三亚（42）
中部		湖北	武汉（8）	宜昌（46）、咸宁（47）
		吉林	长春（13）	德惠（32）、舒兰（38）
		河南	郑州（16）、南阳（33）、洛阳（38）	周口（31）
		黑龙江	哈尔滨（25）、大庆（29）	绥芬河（6）、密山（14）、伊春（21）
		湖南	长沙（28）	
		江西	南昌（30）	贵溪（20）
		安徽	合肥（45）	滁州（23）
西部		重庆	重庆（41）	
		内蒙古		二连浩特（1）、锡林浩特（26）、鄂尔多斯（43）、呼伦贝尔（44）、霍林郭勒（50）
		新疆		阿拉尔（2）、北屯（3）、阿勒泰（4）、吐鲁番（13）、阜康（19）、库尔勒（40）、喀什（41）

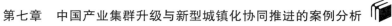

续表

区域		人力资本排名（2003 年）	"鬼城"指数排名（2015 年）
西部	陕西	西安（27）	张掖（5）、嘉峪关（8）、玉门（9）
	甘肃		金昌（27）
	广西		钦州（7）、防城港（28）
	西藏		日喀则（10）、拉萨（48）
	青海		格尔木（11）
	云南	昆明（31）	瑞丽（12）
	宁夏		吴忠（17）、石嘴山（22）
	四川	成都（6）	崇州（35）
东北	辽宁	大连（18）、沈阳（23）	东港（36）
	吉林	长春（13）	德惠（32）、舒兰（38）
	黑龙江	哈尔滨（25）、大庆（29）	绥芬河（6）、密山（14）、伊春（21）

注：①2003 年人力资本排名数据为计算数据；2015 年"鬼城"指数排名数据来自标准排名研究院推出的针对 658 个设市城市的 2015 年度"鬼城"指数排行榜；②按国家统计局"三大地带"划分，东北三省被分别列入东部与中部地区，这里为了说明该地区的工业经济集聚度变化情况，在表中单独列出，因而存在重复。

综合以上分析，可以为中国产业集群升级与新型城镇化协同推进的成功或失败的案例做出一个较为统一的解释。成功的案例之所以能够成功，往往是所在的城镇地理位置较为优越，而且城市劳动力技能结构较高或者说人力资本较为丰裕，从而形成良好的产业与人口积聚效应，并在激烈的域镇化竞争中胜出；而相应地，那些失败的案例，往往是过高地估计了自身的地理位置优势或忽略了自身所拥有的人力资本状况，超前的空间扩张导致良好的产业与人口积聚效应难以形成，最终出现了"产城脱节"。

第八章　中国产业集群升级与新型城镇化协同推进的战略框架

中国产业集群升级与新型城镇化有着较明显的政府规划背景。只是，在全球分工背景下，中国的产业集群升级既要考虑如何嵌入全球价值链，又要考虑如何发挥区域资源与产业特色；新型城镇化既要考虑如何嵌入世界城市网络，又要考虑如何节约利用区域资源。因此，要实现中国产业集群升级与新型城镇化的协同推进，需要从国家层面，提出中国产业集群升级与新型城镇化协同推进的制度建设路径与政策框架，从而形成面向全球产业价值链分工和城市网络体系的制度，为具体政策的落地创造前提条件。

第一节　新中国"城镇—产业—人口"的战略路径演化

一、新中国"城镇—产业—人口"战略路径回顾

表8-1归纳了新中国成立以来中国城镇化进程中"城镇—产业—人口"的战略举措变化过程，线条化地描绘了户籍制度、限制大城市鼓励小城镇建设、城市行政等级制度、开发区建设等对中国城镇化的影响。从整个制度演化的过程来看，在较长的一段时期里，中国城镇、产业与人口的相关政策存在着许多不协调之处。

表8-1 中国"人口—城镇—产业"战略措施（1949年至今）

户籍制度 （人口流动政策）		城镇体系政策	产业布局改策	
自由迁徙时期（1949~1958年）	1950年，《特种人口管理暂行办法（草案）》颁发，中国户籍制度起点 1953年，在第一次全国人口普查的基础上，大部分农村建立了户口登记制度 1954年，中国颁布实施第一部宪法，其中规定公民有"迁徙和居住的自由" 1955年，国务院发布《关于建立经常户口登记制度的指示》，开始统一城乡户口登记工作 1956年与1957年不到两年的时间，国家连续颁发四个限制和控制农民盲目流入城市的文件	限制大城市鼓励小城镇时期（1949~2000年）	1955年，国家建委给中央报告，以中小城市及工人镇为主，并在可能的条件下建设少数中等城市，没有特殊原因，不建设大城市 1978年，第三次全国城市工作会议，控制大城市规模，多搞小城镇 1980年，《全国城市规划工作会议纪要》控制大城市规模，合理发展中等城市，大力发展小城镇 1989年，《城市规划法》国家实行严格控制大城市规模、合理发展中等城市和小城市的方针 1998年，《中共中央关于农业和农村工作若干问题的决定》发展小城镇，是带动农村经济和社会发展的一个大战略	布局大中城市阶段（1949~1961年）	"一五"时期的产业布局重点是扩建城市，通过布局工矿企业大规模扩建了20个城市，一般性扩建了74个城市，新增设市城市17个
				布局小城镇与乡镇阶段（1962年至20世纪80年代中期）	1962，《中共中央、国务院关于当前城市工作若干问题的指示》，对于城市，特别是大城市人口的增长，要严加控制。计划新建的工厂，应当尽可能分散在中小城市 1966~1971年建设的工厂统统安排在山沟和山洞里，不仅不建在城市，而且要求新厂建设消除工厂的特征，实行厂社（人民公社）结合，城市要向农村看齐，消灭城乡差别。"三线"建设的工厂完全分散在深山山区，不仅分散得很分散，就是一个工厂的几个车间也是单独布置 20世纪80年代的乡镇企业中，"离土不离乡，进厂不进城"观念深入人心 乡镇企业大规模改制主要集中在1997年以后，到2000年底全国乡村集体企业改制面达到90%

续表

	户籍制度 （人口流动政策）	城镇体系政策	产业布局政策
严格控制时期（1958~1978年）	1958年，出台《中华人民共和国户口登记条例》，开始对人口自由流动实行严格限制和政府管制 1975年，宪法正式取消了有关迁徙自由的规定	—	1984年，中国在14个沿海开放城市建立了第一批国家级经济技术开发区。随着改革开放的推进和深化，根据不同时期经济建设和社会发展战略的需要，经开区建设也从沿海地区向沿江、沿边和内陆省会城市、区域中心城市拓展
逐步放开时期（1978年至今）	1984年，《关于农民进入集镇落户问题的通知》允许农民自理口粮进集镇落户 1985年，《关于城镇人口管理的暂行规定》，"农转非"内部指标定在每年2‰ 1997年，《小城镇户籍管理制度改革试点方案和关于完善农村户籍管理制度的意见》，规定已在小城镇就业、居住、并符合一定条件的农村人口，可以在小城镇办理城镇常住户口 1998年，《关于解决当前户口管理工作中几个突出问题的意见》，解决了新生婴儿随父落户、夫妻分居、老人投靠子女以及在城市投资、兴办实业、购买商品房的公民及随其共同居住的直系亲属，凡在城市有合法固定的住房、合法稳定的职业或者生活来源，已居住一定年限并符合当地政府有关规定的，可准予落户	大中小协调发展时期（2000~2005年）：2000年，党的十五届五中全会，要走出一条符合国情、大中小城市和小城镇协调发展的城镇化道路 2001年，《国家"十五"计划纲要》，大中小城市和小城镇协调发展的多样化城镇化道路。有重点地发展小城镇，积极发展中小城市，完善区域性中心城市功能，发挥大城市的辐射带动作用，引导城镇密集区有序发展 2002年，党的十六大报告，要逐步提高城镇化水平，坚持大中小城市和小城镇协调发展，走中国特色的城镇化道路 以发展城市群为主体时期（2005年至今）：2005年，《国家"十一五"规划纲要》要把城市群作为推进城镇化的主体形态 2007年，党的十七大报告，以增强综合承载能力为重点，以特大城市为依托，形成辐射作用大的城市群，培育新的经济增长极	由沿海向中西部转移再到"全面开花"阶段（1984年至今）：2000年1月，国务院成立了西部地区开发领导小组，国务院西部开发办于2000年3月正式开始运作 2003年10月，中共中央、国务院发布《关于实施东北地区等老工业基地振兴战略的若干意见》，明确了实施振兴战略的指导思想、方针任务和政策措施。随着振兴战略实施，东北地区加快了发展步伐 2006年4月15日，《中共中央、国务院关于促进中部地区崛起的若干意见》正式出台，这标志着促进中部崛起战略正式形成

户籍制度 （人口流动政策）	城镇体系政策	产业布局政策
逐步放开时期（1978 年至今）	以发展城市群为主体时期（2005 年至今）	由沿海向中西部转移再到"全面开花"阶段（1984 年至今）

户籍制度 （人口流动政策）	城镇体系政策	产业布局政策
2001 年，《关于推进小城镇户籍管理制度改革的意见》，对办理小城镇常住户口的人员，不再实行计划指标管理 2013 年，全面放开小城镇和小城市落户限制，有序放开中等城市落户限制，逐步放宽大城市落户条件，合理设定特大城市落户条件，逐步把符合条件的农业转移人口转为城镇居民 2014 年，《国务院关于进一步推进户籍制度改革的意见》正式发布，要进一步调整户口迁移政策，统一城乡户口登记制度，全面实施居住证制度，加快建设和共享国家人口基础信息库，稳步推进城镇基本公共服务覆盖全部常住人口 2019 年，国家发改委公布了《关于培育发展现代化都市圈的指导意见》提出"放开放宽除个别超大城市（即城区人口超过 1000 万的城市）外的城市落户限制"，意味着国内 99% 以上的城镇将放开放宽落户限制	2012 年，党的十八大报告科学规划城市群规模和布局，增强中小城市和小城镇产业发展、公共服务、吸纳就业、人口集聚功能 2013 年，中央城镇化工作会议，要优化布局，根据资源环境承载能力构建科学合理的城镇化宏观布局，把城市群作为主体形态，促进大中小城市和小城镇合理分工、功能互补、协同发展 2014 年，国家新型城镇化规划（2014—2020）提出以城市群为主体形态，推动大中小城市和小城镇协调发展 2018 年，《关于实施 2018 年推进新型城镇化建设重点任务的通知》明确提出要全面实施城市群规划，稳步开展都市圈建设，加快培育新生中小城市，引导特色小镇健康发展 2019 年，《2019 年新型城镇化建设重点任务》进一步明确推动城市群和都市圈健康发展，推进大城市精细化管理，构建大中小城市和小城镇协调发展的城镇化空间格局	2010 年，《国务院关于中西部地区承接产业转移的指导意见》提出在中西部条件较好的地方设立承接产业转移示范区，充分发挥其典型示范和辐射带动作用。做好产业转移与对口支援、对口帮扶工作的衔接 至 2015 年底，全国拥有 520 家国家级产业园区，其中高新区 146 家、经开区 219 家、出口加工区 63 家、边境经济合作区 16 家、保税区 15 家，其他园区 61 家。另外，还有为数众多的省级、地市级、县级、乡镇级产业园区，产业园区不仅是国家产业布局的重点，也是我国城镇化建设的主阵地 2016 年，《关于贯彻落实区域发展战略促进区域协调发展的指导意见》提出，充分发挥中西部和东北地区比较优势，落实和完善相关支持政策，加强对重点地区产业转移的政策引导，支持承接产业转移示范区建设，进一步优化产业空间布局，引导产业集聚发展

资料来源：笔者根据相关资料整理。

1. 1949~2000 年的"城镇—产业—人口"战略路径

根据表 8-1 可以看出，在新中国成立后较长一段时期，中国城镇化的基本战略是限制大城市发展小城镇，1955 年，国家建委给中央的报告提出，以中小城市及工人镇为主，并在可能的条件下建设少数中等城市，没有特殊原因不建设大城市；1978 年，第三次全国城市工作会议，继续强调控制大城市规模多搞小城镇；1989 年《城市规划法》明确了严格控制大城市规模、合理发展中等城市和小城市的方针；限制大城市发展小城镇的战略一直延续到 2000 年前后。在工业布局战略方面，1949~1961 年，工业的布局主要在大中城市；1962 年至 20 世纪 80 年代中期，工业主要向小城镇与乡镇布局，1962 年《中共中央、国务院关于当前城市工作若干问题的指示》中提出，计划新建的工厂，应当尽可能分散在中小城市；20 世纪六七十年代的"三线建设"、改革开放后大力发展"乡镇企业"等都是这一策略的体现；20 世纪 80 年代中期至 2000 年前后，中国新的工业布局主要在东南沿海，使东南沿海地区"先富了起来"。而在人口政策方面，1949~1957 年，中国实行的是人口自由迁徙制度，但随着大量农民涌进城镇，导致城镇人口急剧增加，1956~1957 年，国家连续颁发 4 个限制和控制农民盲目流入城市的文件；1958 年事实上废弃了 1954 年宪法关于迁徙自由的规定，通过户籍制度开始对人口自由流动实行严格限制和政府管制。改革开放之后，1984 年起，中国短缺粮食的时代已经基本上结束，中国的改革开放也由农村发展到城市，为了适应经济发展的需要，1984 年 10 月，国务院出台了《国务院关于农民进镇落户问题的通知》，允许农民自理口粮进集镇落户，从而放宽了农民迁移进镇的标准，在一定程度上鼓励农村劳动力向乡镇企业转移就业；1994 年国家有关部门颁发《农村劳动力跨省流动就业暂行规定》、1995 年颁发了《关于加强流动人口管理工作的意见》，决定实行统一的流动人口就业证和暂住证制度，对农村劳动力的管理由盲目限制转为鼓励、引导。

2. 进入 21 世纪后的"城镇—产业—人口"战略路径

自进入 21 世纪以来，中国城镇、产业与人口的相关战略均发生了较为明显的变化。在城镇化战略方面，主要分为两个阶段：一是 2000~2005 年，提出要走出一条符合国情、有中国特色的、大中小城市和小城镇协调发展的城镇化道路；二是自 2005 年《国家"十一五"规划纲要》要把城市群作为推进城镇化的主体形态之后，国家逐渐明确把城市群、都市圈作为城镇化的主体形态，同时促进大中小城市和小城镇合理分工、功能互补、协同发展。在工业布局战略方面，为了平衡区域经济发展，进入 21 世纪后，中国陆续推出了西部大开发（2000 年）、振兴东北老工业基地（2003 年）、中部崛起（2006 年）等重大战略，工业布局逐渐由东南沿海向内陆转移，特别是 2010 年，《国务院关于中西部地区承接产业转移的指导意见》提出：在中西部条件较好的地方设立承接产业转移示范区，进一步为工业向内陆地区布局创造了有利条件。在人口政策方面，进入 21 世纪以来，特别是 2004 年沿海地区出现"民工荒"之后，农村劳动力转移政策发生了根本性变化，由限制变为积极引导，2001年颁布《关于推进小城镇户籍管理制度改革的意见》对办理小城镇常住户口的人员，不再实行计划指标管理；2013 年全面放开小城镇和小城市落户限制，有序放开中等城市落户限制，逐步放宽大城市落户条件，合理设定特大城市落户条件，逐步把符合条件的农业转移人口转为城镇居民；2019 年，国家发改委公布了《关于培育发展现代化都市圈的指导意见》，提出"放开放宽除个别超大城市（即城区人口超过 1000 万的城市）外的城市落户限制"，意味着国内 99% 以上的城镇将放开放宽落户限制。

二、新中国"城镇—产业—人口"战略路径存在的主要问题

1. 城镇体系：忽略了中等城市发展

在较长一段时期，新中国城镇化战略的重点是"限制"大城市鼓励小城镇发展，由此带来的影响是：对于大城市、特大城市而言，由于城市行政等级制度的"红利"，集中了大量优势资源，并且有高级化的公共福利相匹配，产生了明显的集聚效应，发展并不存在问题；同时，根据限制大城市发展小城镇的政策导向，小城镇成为了农村城镇化人口迁移的主要阵地。最终的结果是农村人口或习惯性地向特大城市、大城市或东部沿海发达城市流动（但真正到这些城市定居的农村人口相对较少），或向县乡城镇就地集中，导致中国城镇体系"两头大、中间小"，即大城市和小城镇人口增长相对较快，而中等城市人口增长相对偏慢。这种倾斜式的城市化道路已经呈现一定的弊端：东部沿海人口非常稠密且污染严重，这些城市的继续扩张极有可能导致更严重的资源退

化；城市间的职能分工与产业布局不清晰，一些大城市中低端产业过度扩张，与中小城市在低水平上同质化竞争，既不利于中小城市发展，又加剧了大城市"膨胀病"的蔓延；一些小城市（镇）在城市化过程中盲目追求规模扩张，但却因为人口、产业等集聚不足，导致无序开发，既使土地资源浪费问题突出，又使生态环境遭到严重破坏。

由此可见，"限制"大城市鼓励小城镇发展的战略，并未能"限制"住大城市，真正被限制的是大量的中等城市（主要指非省会地级市）。事实上，中国的地级行政区始于东汉，至今已有1700多年的历史，地级市的形成可以说是人们经过漫长历史过程进行选择优化的结果。并且，从地理位置上来看，"如果不算新疆、青海和西藏，在横断山脉以东约600万平方公里的国土上，沿铁路、公路和水路交通主干线比较均匀地分布了264个地级市，平均每2.3万平方公里有一个地级城市"。① 目前的主流观点认为，地级市是政府管理高成本、低效率的重要原因之一，因而主张废除地级市，实施"省管县"。但人们并不能准确地预期"省管县"扁平化管理行政体制的后果，因此，我们认为，在省域面积大、人口多，省城并不具备完全的有效辐射功能的情况下，盲目地废除地级市，有可能导致产业的过度分散布局，达不到应有的聚集效应而造成巨大的人力、物力浪费与生态破坏。因此，推进地级市发展，以地级市为战略支点，有利于形成中国比较均衡的城市空间布局，实现区域、城乡之间均衡发展。这恰恰是中国城镇化战略路径中所缺失的。

2. 产业布局：忽略了资源聚集规律的变化

在产业资源聚集规律方面，新经济地理学的解释获得了巨大的成功，根据该理论的解释，地理位置和历史优势是集聚的起始条件，规模报酬递增和正反馈效应导致了集聚的自我强化，使优势地区保持领先，梁琦和黄利春（2014）借鉴哲学中的术语，称为"第一自然"（First Nature）条件与"第二自然"（Second Nature）条件。早期研究更重视地理位置（距离禀赋）、自然资源丰裕度等"第一自然"条件导致的交易成本大小对工业经济集聚的影响，但随着一些自然条件不具有优势的地方却成了产业集聚中心，新近研究更为强调因集聚本身的动态变化而

---

① 叶大年等. 城市对称分布与中国城市化趋势［M］. 合肥：时代出版传媒股份有限公司安徽教育出版社，2011.

形成的"第二自然"条件带来的成本节约（价格指数效应）和规模经济（本地市场效应）对经济集聚的影响。

不过，值得注意的是，新经济地理学在解析经济集聚对城镇化的作用时，暗含着经济聚集与要素流动之间存在良性循环积累因果效应的假定。在这一假设条件下，经济集聚与城镇化也是一个良性的互动过程，这对于解释中国土地城镇化"先行"策略存在一定的局限性。特别是，在 Krugman（1991）构建的核心—外围模型（C-P 模型）中，交通成本被视为影响工业集聚的最重要因素，而中国土地城镇化"先行"策略是建立在交通运输与信息网络高速发展的基础上，虽然交通成本还是影响工业经济集聚的因素之一，但其影响程度已经大大降低，并且交通成本也无法解释一些地理邻近城市的工业经济集聚的差异性。因此，土地城镇化"先行"策略要获得工业经济集聚的支持，更多源于生产要素预期收益不同导致的人口流动与企业选址，因为生产要素一般具有逐利性，总是从价格较低地区流向实际或预期报酬比较高的地区（陆铭等，2011；梁琦等，2014）。生产要素的预期收益有两个主要来源：一是城市的生产效率（Borjas，1994；Venables，2011；彭国华，2015），二是政府的政策变量（Oates，1981；Baldwin & Krugman，2004；金煜等，2006），前者是因使用效率提高带来的要素绩效回报收益，后者是因政策红利带来的要素权益回报收益。

经济政策对工业经济集聚的影响在东南沿海的发展过程中表现得较为明显，例如，广东与广西、浙江与福建的发展差异在一定程度上就源于改革开放以来政策路径的不同，使广东与浙江获得了"先行者"优势（金煜等，2006）。但当相关的融资、税收、补贴、土地等优惠政策运用到内陆地区时，虽然提高了一些地方的投资规模，但其政策效果却日益衰退并呈现短期化趋势，表现为一些内迁企业的非"扎根"性以及部分依靠优惠政策打造的园区未兴先衰或短兴即衰。比较经济政策对东南沿海与内陆地区工业经济集聚的不同影响，可以发现，东南沿海在实施相关政策时，具有"先行者"的垄断性，潜在的要素绩效回报与权益回报收益都很高，因而吸引大量资源流入并产生正向的经济集聚效应，可当内陆地区实施相关政策时，政策的普遍性使绝大多数地方都不具备"先行者"优势，作为竞争手段的要素权益回报收益几乎是无差别的，遍地开花的经济开发区或新城区不得不依靠"拼土地、拼资源、拼生态、拼投入"来提高工业经济集聚度。但正如向宽虎等（2015）基于中国开发区政策的分析所证实，尽管内陆开发区可以通过提高要素权益回报收益使企业盈利能力不逊色于沿海开发区，但由于沿海开发区提高了企业效率而内陆开发区降低了企业效率，使"开发区政策的区域分散倾向是不可持续的"。说明在缺乏"先行者"优势的内陆地区，仅靠政策红利提高要素权益回报收益来实现工业经济集聚很可能是不可持续的，土地城镇化"先行"策略要获得成功，最终还要依靠城市生产效率提高要素绩效回报收益。

如果交通成本的影响逐渐弱化，地方的政策也较为接近，那么，到底是什么因素决定预期收益并成为产业资源聚集的关键？根据前文分析，人口流动与企业选址都会重点考虑所在城市的人力资本状况。对此可能的解释是，人口倾向于迁移至人力资本较为丰富的城市是因为可以享受更多高质量人口的"溢出效应"而增加预期收益（Venables，2011；陆铭，2013；梁文泉等，2015）；企业倾向于在人力资本较为丰富的城市"扎根"是因为更易于找到"岗位适配"的劳动者以及利用与其他企业的知识关联提高生产效率（张文武等，2011；陈建军等，2013）。在笔者看来，人力资本的积累既是地区长期发挥"第一自然"优势的结果，因为从历史来看，高等教育机构、科研院所等大多分布在自然条件优越的地方，同时，人力资本存量也是工业经济集聚的关键，可以为地区"第二自然"优势的存在提供依据。因此，一种可能的情况是，人力资本的地理分布在很大程度上会决定城镇的工业经济集聚的空间分布，这一观点也与新地理经济学的 FE 模型（Footloose Entrepreneurs Model，FE）相一致。

中国的产业布局战略集中性地体现在产业园区的布局上面，但这种布局显然主要着眼于"自然资源"的资源集聚能力，缺乏对人力资本资源集聚能力的考量，结果使产业布局的有效性严重不足。

3. 人口布局：忽略了农民工市民化的复杂性

中国人口政策中最为核心的制度是户籍制度，而户籍制度的本质是其背后暗含着层级化的公共服务和社会保障等经济利益关系。正是这种经济利益关系，使国家在较长一段时期将户籍制度作为降低农民工市民化经济成本的重要手段之一，通过户籍制度将农民限制在土地上，政府甩掉了大规模人口享受城市公共服务的"包袱"，虽然大规模"农民工"在城镇就业，但享受的却是农民的公共服务和社会保障，正如曾祥炎等（2005）指出，农民工是传统户籍制与自由市场制度相结合的产物，其最终会导致中国城市化过程中形成一个悖论：工业化推动了城镇化，客观上要求将更多农民转变为市民，但工业化本身发展所需要的低成本却要求限制农民转变为市民的数量。

户籍制度在城镇体系中的延伸则是限制大城市发展小城镇的基本思路，因为，小城镇市民化的成本相对较低，在"必须"增加城市人口的情况下，相比较于大中城市而言，发展小城镇是政府财政"包袱"最轻的。限制大城市发展小城镇是低成本的城镇化方式，尽管与将农民限制在土地上的"城乡鸿沟"相比无疑是质的提升，但其违背工业集聚规律还是使得大多数小城镇工业化效率低下，20世纪90年代后期"乡镇企业"纷纷改制与进城就是证明。尽管2000年之后，国家提出"大中小协调发展"与"以城市群为主体形态"等政策方向，但在实际操作中，地方政府出于财政压力的考虑，仍然倾向于发展小城镇，限制农村人口向大中城市迁移。这样的人口布局战略无疑严重低估了中国农民工市民化的复杂性，是中国农民工市民化水平严重滞后于工业化水平的重要根源，并与中国城镇化的要求及工业化的布局存在矛盾。

第一，城镇化归根结底是人的城镇化，但中国的工业化却没有带来这样的效果，虽然在1978~2018年，中国的城镇人口比率从17.92%上升到59.58%，年均递增约1.1个百分点，可无论是与发达国家发展相似阶段相比，还是与发展水平相当的国家相比，中国人口城镇化进程都是滞后于工业化的：一方面，由于受到种种限制，农村劳动力融入城市非常困难，很多移民是暂时性的或"候鸟"式的，城市在吸纳农村劳动力就业的同时却没有相立地将他们吸纳为市民；另一方面，自20世纪90年代以来，中国超过半数的新增城市人口只是简单地由当地重新规划将农村划为城市而实现的，这种"蔓延"式的城市扩张只是在名义上将农民纳入城市范围，但农民实质上并不能享有城市居民的待遇，2018年中国名义城镇化是59.58%，但人口城镇化还不到40%，人口城镇化严重滞后于名义上的城镇化。

第二，工业升级需要大规模的高质量技术工人，但农民工难以市民化导致工业升级所需要的高质量技术工人难以得到保障。因为在中国，大多数产业工人仍然是农民工，由于不是"市民"，他们就业缺乏必要的稳定性、经济待遇比"市民"低、享受不到所在城市"市民"的公共福利。工作不稳定，很难有企业愿意对其进行培训；明显偏低的收入，连维持自己家庭一般的生活都难，就更难自我投资进行技术培训；缺乏归属感，不可能投入全部心力、精益求精地工作，也就失去了成为高质量技术工人的基础。根据国家统计局数据，2018年中国农民工总量为2.88亿人，在进城农民工中，38%的人认为自己是所居住城镇的"本地人"，城市规模越大，农民工的归属感越低。处于这样"地位"中的农民工，要成为工业升级所要求的高质量技术工人太难了，因此，农民工市民化也是中国产业升级的内在需要。

第二节　中国产业集群升级与新型城镇化协同推进的战略思路

一、战略目标

中国产业集群升级与新型城镇化协同推进需要考虑两个重要方面：一是在全球化层面，如何更加有效地嵌入全球价值链与世界城市网络，这一目标决定了中国产业发展与城镇化需要摆脱平庸，在未来发展过程中，必须基于全球分工大背景用更大的战略视野选择自己的角色和定位。二是在地区发展层面，如何更好地发挥区域特色，通过区域资源集约利用，不断强化现有产业发展与城镇化优势，这一目标决定了中国产业发展与城镇化需要以质量为导向，充分利用制造业本身所蕴含的生产和知识积累能力，实现高端产业培植、尖端科学成果产业化和精致制造能力的提升，进而推升城镇化质量，在新一轮产业革命中占据"至高点"的同时实现"产城融合"高质量发展。

基于以上两个方面的考虑，我们认为，中国产业集群升级与新型城镇化的协同推进的战略目标可以简单地概括为——立足高质量发展要求，以新一轮科技革命和产业革命为契机，实现：①以培育世界级先进制造业集群为引领，通过制造业的结构调整与产业集群的全面升级，实现由"中国制造"到"中国智造"、从"世界加工厂"到"世界创造基地"的转变，彻底改变中国制造业发展过程中的"低端锁定"状态，全面推进中国产业迈向全球价值链中高端；②以打造世界级城市群为引领，推动以城市群为主体形态的大中小城市和小城镇协调发展，主动适应人流、物流、资金流、技术流和信息流在全球网络中的充分流转和合理配置，有序推进农业转移人口市民化，以人的城镇化为核心，推动城镇化水平和质量稳步提升；③以人力资本的空间分布为引导，以中等城市的建设为战略支点，重构国家产城融合发展思路，在全国范围内重新定义产业与城镇在功能、空间、组织和政策等方面的相互匹配、有机互动、共同演进、螺旋上升的状态和过程，真正落地新型城镇化过程中全方位的产城融合。

二、战略路径

根据战略目标，可以进一步明确实现中国产业集群升级与新型城镇化协同推进的战略路径——"接轨国际、创新引领、以人为本、因地制宜、和谐共生"。

1. 接轨国际

在全球分工背景下，中国产业集群升级与新型城镇化的协同推进必须基于全球视野。首先，在定位上，要准确把握世界发展大势，主动参与全球经济分工，以世界眼光来给自己定位，要力争在全球价值链中高端与世界城市体系中占据属于自己的一席之地。其次，积极主动地适应国际规则，并参与国际规则的重构与创新，综合考量国内外因素，用国际国内双重视角来分析问题。最后，在经济发展过程中，积极引进国外资源，借助外脑、外资、外力提升发展层次，积蓄持续的发展后劲。

2. 创新引领

创新是引领发展的第一动力，是赢得竞争优势的关键所在。中国产业集群升级与新型城镇化协同推进的一个重要内容，是如何抢抓新一轮科技革命和产业变革机遇，全力推动制造业高质量发展，使产业集群能够在全球价值链中获取更高附加值和更强劲的发展动力而不断升级，同时城镇化也因为有了创新能够具备承载高端产业集群的能力。这里的创新主要包括两个方面：一是技术的创新，迄今为止，中国的创新主要以"追赶型"创新和商业模式创新为主，真正原创性、首创性重大创新不多，因此，要围绕新一轮科技革命和产业变革，大力推进自主研发关键技术、基础性技术和共性瓶颈技术，力争在与发达国家均等机会条件下的竞争中胜出。二是制度的创新，围绕科技成果转移转化的关键问题和薄弱环节精准发力，改革科研成果转移转化制度，健全市场化的技术交易服务体系，逐步建立以市场化为导向、以企业为核心、以知识产权为价值纽带的科技成果转移转化体系。

3. 以人为本

城镇化不仅是一个国家或地区实现人口集聚、财富集聚、技术集聚和服务集聚的过程，同时也是生活方式、生产方式、组织方式和文化方式转变的过程，因此，良性的城镇化要回归人类的社会本性。中国产业集群升级与新型城镇化的协同推进，就是要实现以人为本的产城融合发展。一是要以人的需求为导向，以人的智慧为动力，促进产业集群升级与新型城镇化的协同发展。二是以创造理想的就业创业环境与人性化高品质的城市空间为目的，对外充分考虑人口迁移的特点，对内着力打造优越的人居环境，从制度上扫除人口移居的障碍，实现地区经济、社会、人文和谐与可持续发展。

4. 因地制宜

梯度推进理论告诉我们，不同国家或不同地区存在着产业梯度和经济梯度，特别是中国这样幅员辽阔的大国，各地之间的自然、资源条件和经济、社会差异较为突出，因此，推进城镇化建设要因地制宜。一是看条件，有条件就上，没有条件就不能上，待条件成熟时再上，切忌齐头并进。二是城市的发展要充分尊重当地的自然山水、风土人情、历史文化、建筑风貌，产业发展则要宜工则工、宜商则商、宜游则游、宜农则农，各取所长、各具特色。

5. 和谐共生

要实现产城融合，就要使产业、人居、交通、能源等在内的各个部分，相互交织构成整体，所有要素都得到良性循环，建成"共生城市"。因此，一是必须借助现代城市与区域发展的先进理念，促进都市内发展单元间的基础设施一体化、城市功能整体化和布局结构网络化，建立一个高效率运行、高应变机制、有机生长的都市区结构。二是要着眼于竞争能力的提升，将空间格局与生态环境视为参与全球竞争的战略手段，而不仅是自身产业发展问题的解决方案，坚定不移地走新型工业化道路。三是统筹安排园区产业集聚区内部功能，进行合理的空间结构安排，使产业集聚区内产业功能、城市功能、生态功能融为一体。

第三节　中国产业集群升级与新型城镇化
协同推进的战略举措

中国产业集群升级与新型城镇化的协同推进是一个系统工程，为了确保战略目标的实现，需要实施一系列重大战略举措。

一、培育世界级先进制造业集群

党的十九大报告提出，要"促进我国产业迈向全球价值链中高端，培育若干世界级先进制造业集群"。这不仅是在中国经济由高速增长阶段转向高质量发展阶段的新形势下，对产业发展提出的新思路、新要求与新目标，也是实现产业集群升级的关键之一。因为，党的十九大提出世界级先进制造业集群培育战略，有着重要的国内外现实背景：一是在 2008 年以来的全球经济危机冲击下，世界主要发达国家重新认识到以制造业为主体的实体经济的战略意义，纷纷推出"再工业化"战略，导致部分来自发达国家的中国代工厂"回流"；二是中国制造业经过近 40 年的高速发展，透支了"人口红利"，使依赖"人口红利"的中国制造业遭遇前所未有的挑战，也让中国社会发展面临陷入"中等收入陷阱"的危险；三是以互联网、大数据、云计算、物联网等新一代信息技术的广泛应用为特征，以新一代智能制造技术为核心引领的新一轮产业革命，正在引发全球价值链重构。可以说，培育世界级先进制造业集群，正是破解中国制造业面临上述发展困局的可行方案。

产业集群作为一种高效率的空间集聚的经济现象，已经被广泛认可与熟知，但何谓世界级先进制造业集群，则还没有统一的定义。不过，依据概念本身，其内涵至少包括三个方面：一是"先进性"，即产业内容是先进制造业，而非传统制造业；二是"集群性"，即先进制造业在特定区域的地理集中和空间集聚发展；三是"世界性"，即特定区域的产业集群在全球分工和世界经济格局中具有重要的地位。具体地说，世界级先进制造业集群包括集群产业规模国际领先、集群创新能力国际领先、集群品牌价值国际领先、集群组织结构国际领先、集群制度环境国际领先、集群开放程度国际领先等基本特征，因此，培育世界级先进制造业集群是中国产业集群在全球化分工中攀升价值链中高端的必然道路。

二、优化产业集群空间与梯度格局

中国有着全球最大规模的制造业，拥有多个世界级先进制造业集群本应是水到渠成之事。但事实上，由于中国规模庞大的制造业分布于广袤的国土，在基础设施不发达以及传统行政晋升"GDP 锦标赛"等的影响下，行政地域之间的产业同构与发展的恶性竞争现象十分突出，导致许多制造业生产只不过是"低端的重复"。随着中国基础设施的不断升级，与小国受到市场、资源等条件局限不同，中国完全可以利用大国的市场与资源优势，在更大的空间范围内优化产业集群的空间布局，但前提是必须打破行政地域空间的限制：一是以"一带一路"建设、京津冀协同发展、长江经济带发展、粤港澳大湾区建设等重大战略为引领，以城市群建设为基础，根据各制造业行业的空间分布情况，合理规划每个领域的集群的主要承载空间，以求在更大的空间范围内细化产业链分工、进行资源整合和统筹协调。二是通过健全区际利益补偿机制，推动产业集群形成跨区域的分工协作机制、资源共享与利益分享机制。三是消除区域市场壁垒，加快推进区域市场联动，构建区域市场一体化发展新机制。

同时，还需要注意的是，由于国土广袤，不同地区特别是东、中、西部在区位条件、产业基础、要素禀赋、交通设施、资源环境、承载能力等方面都存在明显差异。中国东部地区传统产业经过多年的发展，产业集聚效应明显，形成众多产业集群，这些产业集群具有专业特色明显、产业链完整、规模效益明显、支撑体系完善、政府服务规范等特点，可以在专业化分工的基础上实现规模经济效益。虽然中西部地区自然资源丰富，但长期以来扮演着东部能源、原材料供应基地的角色，产业集群呈现"小、散、弱"的特征，地区产业链不完整，产业分工协作不充分，规模效应、集聚效益不足。因此，东、中、西部的产业集群呈现一定的"梯度"特点，中、西部地区往往作为东部地区产业转移的承接地，对于这样的产业集群分布特点，应该根据新的经济发展趋势进行合理调整，进而在容许"梯度"特点的前提下，尽可能地缩小地区之间的差距。

三、打造世界级城市与城市群

从全球竞争的角度来看，21 世纪，城市群之间的分工、合作和竞争将主宰全球经济命脉。因此，打造世界级城市与城市群，是中国城市在世界城市体系中占据属于自己的一席之地的重要内容。现代意义上的世界城市是全球经济系统的中枢或世界城市网络体系中的组织节点，对全球政治经济文化具有控制力与影响力是世界城市的两个核心功能，从本质上来讲，世界城市不仅是全球战略性资源、战略性产业和战略性通道的控制中心，也是世界文明融合与交流的多元文化中心，更是城市硬实力与软实力的统一体。虽然根据 GaWC 发布2018 世界城市排名中国香港、北京、上海、中国台北、广州、深圳、成都、杭州、天津、南京和武汉 11 座城市进入前 100 位，但能够较全面地发挥世界城市作用的城市目前主要是珠三角城市群的中国香港（深圳、广州）、长三角城市群的上海、京津冀城市群的北京以及弱一点的中国台湾省的台北市。未来的发展，随着中国经济的发展，应该着力培育更多的世界一、二、三、四线城市，从而提升中国城市在全球城市网络中的位置。

同时，如前所述，未来区域之间的竞争已不再是单个城市的竞争，而是以城市群和都市圈为基础的区域间的整体竞争。大城市群的形成及其分工、合作与竞争，将形成多极化、辐射带动力强的区域增长极，主导区域、全国甚至全球经济的发展格局。为此，要高度重视发挥城市群的辐射带动作用，优先发展京津冀、长三角、珠三角三大城市群，并进一步形成东北地区、中原地区、长江中游、成渝地区、关中平原等城市群，要以国家中心城市为核心，重点建设具有全球影响力与竞争力的国家级城市群乃至世界级城市群。

四、增加中等城市数量

Henderson（2013）认为，只有 200 万以上人口的城市才能更好地发挥集聚经济效应的标准，中国未来的产业布局应该集中于 200 万人口以上的城市，其中，应该重点予以发展的是非省会地级市与少量重点县级市为代表的中等城市。事实上，中国地级市的分布和演化符合中国地质结构特点，并呈格子状分布，同时，中国的地级行政区始于东汉，至今已有1700多年的历史，地级市的形成可以说是人们经过漫长历史过程进行选择优化的结果。因此，大力推动地级市的工业化，将非省会地级市与少量重点县级市发展成为集约化的工商业城市，重点发展高新技术产业、制造业和零部件、现代物流业等，是优化产业布局的重要内容。因此推进地级市发展，以地级市为战略支点，有利于形成中国比较均衡的城市空间格局，实现区域、城乡之间均衡发展。

遵循这一思路，考虑未来中国城市体系的人口承载能力，应该加大中等城市建设。"到2030年，如果251个非省会地级城市平均人口规模达到130万~150万（年均增长3.67%~5%），将新增城市人口1.5亿~1.8亿"，再加上"省会地级市可新增人口约0.4亿左右"，则"到2030年，地级市将新增城市人口1.9亿~2.2亿。"① 因此，要积极引导人口向非省会地级市与少量优势明显的县级市迁移，增加人口规模在200万以上的城市数量，才能更好地发挥城市的集聚经济效应。

五、建设有生命力的小城镇

从理论上来讲，尽管县城及县级市仍然有1亿~2亿的人口承载空间，但根据历史经验，大部分县城及县级市缺乏要素与产业集聚效应，难以达到大规模工商业发展所需要的规模水平，20世纪90年代蓬勃发展的乡镇企业从大部分县镇退出转移到大中城市就从一定程度上证明了这一点。因此，要谨慎考虑通过大力发展工商业来壮大"县域经济"与城镇经济的思路。一方面，除了靠近沿海有优越地理位置的县、内陆一些矿产资源丰富或紧邻大中城市的县存在发展工业的优势之外，绝大多数的县城与城镇并不具备推进制造业发展的资源聚集优势；另一方面，从生态环境保护的视角来看，县城与城镇也不适宜大规模工业化。

因此，大多数县城与城镇适宜发展成为特色鲜明的生活型小城，以提高城

---

① 向国成. 以地级市为重点建设均衡城镇体系［N］. 中国社会科学报，2013-9-11.

乡居民生活质量为目标，重点发展专精特色产业、农产品加工业、休闲产业、城乡服务业等，避免发展对生态环境可能造成破坏、降低城乡居民生活质量的制造业。在政策方向上，小城市（镇）的空间扩张则要严格控制，以避免小城镇"硬化"后的不可逆性，使小城镇的未来发展具有更好的弹性与可持续性，小城镇的发展才会有活力。

第九章　中国产业集群升级与新型城镇化协同推进的政策实施

基于全球分工视角，通过培育世界级先进制造业集群为引领重构中国产业集群格局，以打造世界级城市群为引领重塑中国城镇体系，进而推动产业集群与城镇化协同推进、互动提质，突破中国产业集群与城镇化双重"低端锁定"的困局，需要有一系列配套政策。其中，较为关键的政策包括支持创新发展的政策、支持人口城镇化的政策、支持产业集群升级的政策、支持人力资源开发的政策、支持产城融合的政策等。长期以来，由于中国的产业集群升级与新型城镇化有着较明显的政府规划背景，因此，在新的发展阶段，有必要进行新的政策定位，设计更加科学合理的政策，积极引导产业集群升级与新型城镇化协同推进。

第一节　中国产业集群升级与新型城镇化协同推进的政策选择

一、从普惠政策到倾斜政策

改革开放以来，中国制造业经历了东部优先发展到区域平衡的过程，在政策上也相应地由倾斜转向普惠，具有象征意义的是全国遍地开花的从国家级到乡镇级的各类开发区，数量庞大、星罗棋布于全国各地，成为各地发展制造业、享受政策红利的主要场所。在行政晋升"GDP 锦标赛"的激励下，这种普惠政策使得中国成为世界第一制造大国的重要原因。但这种蔓延式的制造业布局，存在两个明显的问题：一是无法实现集聚经济效应。中国绝大部分省、直辖市、自治区仍然存在不同程度的制造业结构趋同问题（孔令池，2019），导致许多园区招商水平较低、土地经营粗放、产业层次不高、税收贡献亟低，产业布局面广不精，总体集聚程度不高。二是资源配置上缺乏精准性，易出现资源错配问题。由于实施普惠政策，对一些在市场经济条件下发展"滞后"的地区，政府可能会用不恰当的政府补贴、政策性银行的信贷倾斜、低价出让土地等干预手段诱导资源进入，结果导致资源的低效使用甚至闲置，出现严重的资源错配。

　　无论是集聚经济效应缺失，还是资源错配，都会导致中国产业集群的竞争力下降。这已经不符合中国新时代高质量发展的要求，也不利于推动中国产业集群升级，进而提高新型城镇化水平。因此，在新的发展时期，需要与时俱进，进行新一轮政策调整，从普惠性政策重新回调到倾斜性政策。这就要求：一是政策优惠要向创新要素集聚区倾斜，因为无论是产业集群升级还是新型城镇化，关键不在于物质资本的规模化投入，而在于知识、技术和人才集聚的创新效应及其带来的制造业高质量增长。二是针对重点制造业集群设计倾斜性政策，包括平台建设、财税激励、金融支持、品牌建设、产品市场推广与风险保障等方面的优惠与扶持措施。三是建立适度的人口迁移制度。倾斜政策带来的一个问题是可能导致经济发展上的"马太效应"，但应对这种"马太效应"的方法并不是实施普惠政策，而是在遵循经济社会发展规律的基础上，通过设计合理的共享机制和容许适度的人口迁移，形成"产业—人口"相对一致的空间布局来解决。

二、从地区政策到大国政策

　　改革开放以来，中国对地方政府采用了分权式的管理模式。在行政晋升"GDP 锦标赛"的激励下，这种管理模式一方面提升了地方政府的工作效率和积极性，另一方面也强化了地方政府最大程度增加地区税收的动机，其结果是地方保护主义和市场割据的倾向得以滋长（吴敬琏，2010）。于是地方保护主义在中国很多地方大行其道，部分地方机构及其成员甚至不惜违背国家的政策、法规，滥用或消极行使手中权力来维护、扩大地区局部利益。虽然经过40多年的改革开放，市场化的程度已大大提升，但地方保护主义仍然难禁，行政分割造成各种市场壁垒仍然严重影响着全国统一市场的建立。特别是地方保护主义导致行政地域之间的产业同构与发展的恶性竞争现象十分突出，使许多制造业生产只不过是"低端的重复"，与中国中低端产能过剩有着直接的关联。同时，地方保护主义也导致各地政策的出台局限于自身利益，很难基于地区合作共赢的角度来制定发展政策，很容易导致地区之间的合作不畅，难以形成区域整体竞争合力。

在全球分工背景下，地方保护主义导致的地区间市场分割问题已经成为中国参与全球竞争的巨大羁绊，只有鼓励地区之间建立合作互惠的新型关系，基于大国发展战略而不是地区局部利益制定政策，形成合力和综合竞争优势，才有可能摆脱中国制造业的全球价值链"低端锁定"困局。这就要求：一是以"一带一路"建设、京津冀协同发展、长江经济带发展、粤港澳大湾区建设等重大战略为引领，以城市群建设为基础，根据各制造业行业的空间分布情况，合理规划每个领域的集群的主要承载空间，以求在更大的空间范围内细化产业链分工、进行资源整合和统筹协调。二是通过健全区际利益补偿机制，推动围绕全球价值链攀升形成跨区域的分工协作机制、资源共享与利益分享机制。三是消除区域市场壁垒，加快推进区域市场联动，构建区域市场一体化发展新机制，可以通过设立跨行政区划的政府间合作机制或引导中介组织、企业加强异地对接沟通，包括建立各类共享平台，实现地区之间在资源、要素和产业等方面的共享、共建与合作。

三、从红利政策到新常态政策

改革开放40多年来，中国高速的经济增长依赖于诸多"红利"，但其中最为重要的"红利"，应该是"人口红利"与"改革红利"。"人口红利"是客观存在的，中国在1950~1958年、1962~1975年和1981~1994年经历了三次人口生育高峰，在改革开放之后，三次出生队列正好陆续步入劳动年龄且相互叠加，使1980~2013年中国15~59岁劳动年龄人口以年平均约1.8%的速度增长，2013 年达到峰值 10.06 亿。规模庞大的劳动力资源随着改革开放后受教育程度的不断提高，人力资本迅速改善。与此同时，小于 15 岁和大于 60 岁的非劳动年龄人口（或者说依赖型人口）是稳定的，年平均增长率为-0.2%。两个不同的增长趋势所形成的"剪刀差"，意味着抚养比的下降和劳动力的充足供给，从而形成 Mason 和 Lee（2006）所说的"第一次人口红利"。改革红利则主要源于社会主义市场经济的制度安排，改革开放实践证明，解决生产关系与生产力发展不相适应问题，确保经济持续健康发展，必须依靠改革，而经济改革的关键是对政府和市场关系的调整。改革开放以来，从以"计划经济为主，市场调节为辅"到"有计划的商品经济"，再到"建立社会主义市场经济体制"，最后到党的十五大提出"使市场在国家宏观调控下对资源配置起基础性作用"，党的十六大提出"在更大程度上发挥市场在资源配置中的基础性作用"，党的十七大提出"从制度上更好发挥市场在资源配置中的基础性作用"，党的十八大提出"更大程度更广范围发挥市场在资源配置中的基础性作用"，党的十九大提出"使市场在资源配置中起决定性作用"。政府和市场关系的持续调整，激发了市场活力，提高了资源配置效率，使社会财富不断涌流出来，从而促进了经济的跨越式发展。

随着经济高速增长了 40 多年，人口红利与改革红利的边际作用正越来越小，甚至正在逐步消失。在这一背景下，2014 年 5 月习近平在河南考察时首次提及"新常态"，他说："中国发展仍处于重要战略机遇期，我们要增强信心，从当前中国经济发展的阶段性特征出发，适应新常态，保持战略上的平常心态。"中国经济呈现出新常态，从高速增长转为中高速增长，经济结构优化升级，从要素驱动、投资驱动转向创新驱动，必然引起中国经济发展的政策要从红利政策转向新常态政策。这就要求：一是从量到质的转变。利用人口红利与改革红利进行发展，主要的侧重点在于"量"，经济的增长主要源于大量的劳动力等生产要素的投入，包括大力促进劳动密集型产业发展。但在新常态下，不仅要有量的扩张，更重要的是提高全要素生产率，提高生产质量。二是挖掘新的红利。在经济新常态下，虽然人口红利与改革红利的边际作用正越来越小，但还是可以通过新的改革、新的途径来挖掘新的红利。例如，开发和利用健康老年人力资源与人力资本，开启 Mason 和 Lee（2006）所说的"第二次人口红利"；加快建设创新型国家，将创新作为引领发展的第一动力；等等。

第二节　构筑创新激励机制，转换"产—城"协同推进动能

一、大力培育创新型产业集群

在新一轮产业革命到来之际，世界主要经济体都在积极实施创新驱动发展战略，未来的全球分工必然是围绕先进制造业展开，一个国家想要在新一轮产业竞争中胜出，必须大力发展创新型产业集群。创新型产业集群是指围绕战略性新兴产业，通过制度建设和机制创新，以科技资源带动各种生产要素和创新资源集聚，形成以科技型中小企业、高新技术企业和创新型人才为主体，以知识或技术密集型产品为主要内容，以创新组织网络、商业模式和创新文化为依托的产业集群。建设创新型产业集群能够有效整合区域创新主体和要素，是推进区域创新的重要途径。

由于新一轮产业革命的核心是智能制造，因此，必须充分利用中国制造业体量庞大对智能制造技术存在规模化需求的优势，通过人工智能技术的战略突破、新一代信息技术和制造技术的深度融合，实现产业集群的转型升级，培育出更多创新型产业集群。为此，应采取以下三项措施：第一，遵循产业发展内在规律，以国家高新区为重点，结合各地现有基础和优势，统筹规划布局国家级创新平台。坚持战略和前沿导向，集中支持事关发展全局的基础研究和共性关键技术研究，加快突破智能制造、新一代信息通信、新能源、新材料、航空航天、生物医药等领域的核心技术，瞄准瓶颈制约问题，制定系统性技术解决方案，推动集群向技术链、产品链、产业链、价值链的高端发展。第二，统筹各类资源，对创新型产业集群建设给予倾斜，建立覆盖创新研发、转化孵化、市场应用等多环节的资金支持体系。各类科技计划和科技奖励要加大对创新型产业集群发展急需的技术研发、创新平台、创新人才的支持力度，对产业重大关键技术突破给予补助支持。充分发挥各级股权投资引导基金的引导作用，鼓

励民间资本成立主导产业投资基金，吸引各类高水平创新成果向集群聚集。第三，促进创新型产业集群主动参与全球分工。鼓励创新型产业集群企业瞄准世界前沿技术，通过人才引进、技术引进、合作研发、委托研发、建立联合研发中心、专利交叉许可等方式开展国内外创新合作，有重点地建设国际技术转移机构和国际科技合作基地，增强自主创新能力。加强创新型产业集群与国家自主创新示范区、高新技术产业开发区和各省市高水平集群的科技创新资源共享和产业链合作，通过联合孵化项目和共建产业基地等，推动集群产业链横向拓展和纵向延伸，形成完整的核心产业链和技术链，以提高集群持续发展能力。

二、打造城市群创新生态系统

产业集群升级最终归结为城市创新系统的升级。只是，不是每个城市都有条件建立起良好的创新生态系统，因此，在整体布局上，可以以城市群为单位建立创新生态系统，然后通过外溢和分工带动周边地区的城镇创新发展。根据中国科学院大学中国企业管理研究中心与华夏幸福产业研究院的联合团队共同完成的"中国创新创业城市活力指数"，全国最具创新潜力的38个都市圈核心城市和区域性中心城市分别为北京、深圳、上海、广州、杭州、成都、重庆、天津、武汉、苏州、南京、西安、东莞、青岛、长沙、郑州、佛山、无锡、石家庄、沈阳、济南、福州、合肥、大连、昆明、哈尔滨、南昌、太原、长春、贵阳、南宁、银川、兰州、呼和浩特、乌鲁木齐、海口、西宁与拉萨，从中可以看出，除了长三角、珠三角、京津冀三大城市群，其他各省都可以在"省域"范围形成规模相对较小的城市群，并以此为基础打造创新生态系统。

根据国外成功经验，创新型制造业集群几乎都依靠核心大学推动，拥有由核心企业、高校院所、创新人才、天使投资和创业金融等要素组成的创新生态系统。为了以城市群为单位建立创新生态系统，采取以下五项措施：第一，以推动区域基础设施一体建设、公共服务共建共享等为基础，推进城市群产业专业化分工协作，打造层次更为清晰、结构功能互补、要素流动有序、产业分工协调的现代化都市圈。第二，以政府引导和市场主导相结合，全方位引进、培育国内外一流的创新平台或科技合作创新载体，并在城市群内进行合理布局。第三，构建高校、科研机构及高技术企业的产学研多方合作平台，通过高校与高校、科研院所与大型骨干企业的强强联合，使科学技术从宝塔式向扁平化发展，实现科学技术创新的全社会参与。第四，引导高等学校和科研院所的科教基础设施和大型科教仪器设备等公共科技资源进一步面向企业开放，加大国家（省部）工程中心、国家（省部）重点实验室、大型科学仪器中心等向企业开放的力度，提升大型科教基础设施和大型科教仪器设备使用率。第五，支持大型企业建立内置于企业的研发平台，政府在政策上给予支持，学校、科研院所可以开展量身定做的专业设施、人才培养、科研服务等合作。对于一般企业，支持建立外置于企业的研发平台，开展中介服务，形成多对多的互通模式，推行菜单式和订单式科研服务，政府采用跟踪人才、跟踪成果奖励的办法予以支持。

三、加大科技成果转化力度

促进科技成果转移转化是实施创新驱动发展战略的重要任务，是加强科技与经济紧密结合的关键环节，对培育创新型产业集群与打造城市群创新生态系统具有重要意义。因此，建立符合科技创新规律和市场经济规律的科技成果转移转化体系，促进科技成果资本化、产业化，是产业集群升级与新型城镇化协同推进的关键环节。一般认为，中国科技成果转化率只有约 10%～15%，远低于发达国家 40%～60%的平均水平；另据《2017 年高等学校科技统计资料汇编》，全国各类高校全年专利授权数共 229458 项，合同形式转让数为 4803 件，转化率只有 2%。如此低的科技成果转化率不仅造成了资源浪费，也降低了科技成果对产业集群升级与新型城镇化的强大推动作用。

为了更有效地促进科技成果转移转化，既要充分发挥市场资源配置的决定性作用，又要发挥好政府的作用，优化科技成果转移转化的政策环境。为此，应采取以下四项措施：第一，制定科技成果信息采集与服务规范，建立健全科技成果信息的收集、加工、储存传播和服务的工作制度，梳理各领域科技成果，建立汇集财政资金支持产生的科技成果信息库。组织高校、科研机构梳理科技成果资源，发布科技成果目录。建立健全各地方、各部门科技成果信息汇交工作机制，推广科技成果在线登记汇交系统，畅通科技成果信息收集渠道，发挥科技中介成果筛选、市场化评估、融资服务、成果推介的作用，梳理发布一批符合产业集群升级方向的科技成果包。第二，支持地方和有关机构建立完善区域性、行业性技术市场，形成不同层级、不同领域技术交易有机衔接的新格局。在现有的技术转移区域中心、国际技术转移中心基础上，进一步加强重点区域间资源共享与优势互补，提升跨区域技术转移与辐射功能，打造连接国内外技术、资本、人才等创新资源的技术转移网络。第三，完善技术产权交易、知识产权交易等各类平台功能，促进科技成果与资本的有效对接。支持有条件的技术转移机构与天使投资、创业投资等合作建立投资基金，加大对科技成果转化项目的投资力度。鼓励国内机构与国际知名技术转移机构开展深层次合作，围绕重点产业技术需求引进国外先进适用的科技成果。鼓励技术转移机构探索适应不同用户需求的科技成果评价方法，提升科技成果转移转化成功率。推动行业组织制定技术转移服务标准和规范，建立技术转移服务评价与信用机制，加强行业自律管理。第四，发挥好国家科技成果转化引导基金等的杠杆作用，引导和鼓励地方设立创业投资引导、科技成果转化、知识产权运营等专项资金（基金），引导信贷资金、创业投资资金以及各类社会资金加大投入，支持区域重点产业科技成果转移转化。

第三节　构筑城乡共享机制，夯实"产—城"协同推进根基

一、逐步建立以人口自由流动为导向的居住登记制度

城镇化（特别是人口城镇化）滞后于工业化发展给经济社会持续、快速、健康发展带来了一系列的内在矛盾，并日益成为制约产业集群与城镇化质量提升的突出问题。城镇化滞后于工业化的原因很多，但其中一个关键问题是户籍制度，是户籍制度改革的滞后，致使支持城镇化和城乡转移的制度化通道的建

设远远落后于大量流动人口进入城市的实际需求，远远落后于城镇化的速度和态势，因此，必须有力有序有效深化户籍制度改革，才能够引导更多农村人口向城镇迁移并实现市民化。

当然，经过改革开放以来的一系列改革，目前户籍制度本身对人口流动的限制作用已经基本消除，但隐含在户籍制度背后的公共服务和社会保障等经济利益关系仍然严重制约着人口的自由迁徙。因此，户籍制度改革的核心其实是城镇公共服务和社会保障的改革，目的在于实现城乡就业、教育培训、健康服务、居住住房等社会福利体制逐步和户籍制度脱钩。我们认为，可通过建立居住登记制度，在居住地基础上对所有人口渐进式地增加社会福利，减少本地居民和非户籍人口的福利差，实现公共服务的属地化和均等化。首先，建立基本公共服务和社会保障的"国家标准"，内容包括免费9~12年义务教育、基本公共医疗服务、正规部门的工作人员以及居民的社会保障（医疗和养老金）、社会救助项目和城市地区的保障性住房等，作为每个中国公民的基本权利。其次，建立"钱随人走"的"可流动"的公共服务和社会保障体系，在此基础上实施居住登记制度替代目前的户籍制度，财政体系应当与新的居住证体系进行高度匹配——但凡人口流向新的地方，人口登记就应当反映到财政资金分配所使用的人口统计当中。最后，通过给城市新登记人口提供过渡性补贴等方式，确保每一个城市新居民在3~5年的"过渡期"就能够享有高于"国家标准"的公共服务和社会保障，"过渡期"完成后，每个城市应使新居民能够享受到与当地居民完全一致的权利与福利。

二、逐步弱化农村土地承载的生存社会保障功能

由于没有为流动人口设置科学合理的社会保障制度体系并形成相应的居住、子女教育等制度安排，与城市居民相比，农村土地承载着农民部分生存保障功能，土地生存保障功能的强化使缺乏社会保障的进城农民倾向于保留土地，使农村流动劳动力"离土"的机制无法启动。其结果是集体土地制度造成土地平均分配，土地的分散化、细碎化直接限制了土地的规模生产，限制了农业机械化的发展和现代管理方法的推广，而进城务工人员"进城不舍土"，共同成为农村劳动力向城镇迁移的阻碍。

要使农民进城后能够"舍土",需要两个条件:一是建立城乡一体化的社会保障,二是赋予农民"永久"土地使用权、处置权及完整的物权等,使其具有相当于完整所有权的权能。因此,我们建议,首先,进行农村土地的确权,也就是要确定农村土地(包括承包地、宅基地和林地)的所有权、使用权、占有权、处置权和收益权等相关权利的权利束,按照"同地、同权"的原则改革农村土地制度,赋予农民完整的土地权利。其次,建立城乡统一的土地市场,为土地的有偿流转提供平台,可通过村级、镇(乡)级和县(区)级三级筹建农村土地流转市场体系,分别为土地流转的农户提供相应的法律宣传和咨询工作;指导农村土地流转合同的订立、变更、解除和重订等工作,并调解流转过程中发生的纠纷;建立土地流转市场的信息网络体系。在此基础上,建立完善的土地权利交易市场及制度,容许"永久"使用权的"买断",其交易对象不再进行严格限制,对非"基本农田"保护范围内的农地,甚至可以改变用途真正实现土地资源市场化交易。再次,在这一过程中通过征收土地交易税补充农村社保基金,对出售土地者,可从其收益中一次性以个人账户的形式为其建立社会保障,愿意迁移者,可将其个人账户基金带入迁移地,与迁移地社保接续。最后,探索建立农村集体经营性建设用地异地调整入市制度,从而最大限度地维护农民和农民集体权益。

三、构建农民工市民化的合理成本分担机制

推进以人为核心的新型城镇化,实质是要推进以农民工市民化为核心的新型城镇化。原因在于,农民工难以市民化,不仅使城镇化滞后于工业化,导致城镇化的低质量,同时也会使工业升级所需要的高质量技术工人难以得到保障,导致产业集群升级困难。近年来,不少地方出现了"民二荒""技工荒",这种现象产生的深层次原因是产业结构升级导致的"结构性失衡":一方面,是企业迫切需要技术熟练工、高级管理人才,但农民工就业群体中缺乏相关人才;另一方面,是劳动强度大的行业、中小城镇的企业,难以吸引目前的新生代农民工,从而导致劳动力剩余与岗位空缺并存的局面。解决这种"结构性失衡"的关键,就在于通过建立健全由政府、企业、个人共同参与的农业转移人口市民化成本分担机制,推动农民工特别是新生代农民工融入城市。

完善农民工市民化成本分担机制，要注意处理好中央与地方政府之间、输入地与输出地之间的成本分担关系。第一，应根据公共支出的外溢性优化中央与地方政府的分担责任，中央政府承担跨区域基础设施建设以及社会保险、教育医疗、住房保障等基本公共服务中需要全国统筹的部分，地方政府承担公用设施建设以及卫生健康服务、就业创业指导等地方性公共事项。第二，要根据外出农民工的跨区性优化中央与地方政府的分摊责任，中央政府重点解决跨省流动农民工的市民化成本，省级政府重点负责省内跨市县迁移农民工的市民化成本，进一步明确市、区（县）、镇（街道）需要为农民工提供的各项公共服务，合理划分省级政府与市级政府的市民化成本分担责任，适当提高省级财政兜底的统筹能力与分担比例。第三，以居住证登记为依托，加快推进国家人口基础信息库对农业转移人口的信息采集，在此基础上由中央财政建立中西部人口红利专项转移支付；针对在原籍地参保社会保险、安排学龄子女留守就读的跨省农业转移人口，中央政府应在原有对中西部地区财政补贴的基础上进一步倾斜；中西部输出地城镇建设用地指标原则上坚持"减人不减地"，预留发展空间。第四，积极研究探索财政转移支付、财政建设资金对城市基础设施建设补贴数额、城镇建设用地增加规模与农业转移人口落户数量"三挂钩"机制；加快制定中央财政转移支付同农业转移人口市民化挂钩机制的实施办法。

第四节　构筑集约发展机制，优化"产—城"协同推进布局

一、以人力资本为导向推进产业集群与城镇空间布局

如前文所述，在行政晋升"GDP 锦标赛"等的影响下，行政地域之间的许多制造业生产只不过是"低端的重复"，这种低水平重复建设已经严重制约了中国产业集群升级与新型城镇化的推进。虽然国家出台了一系列文件，要求各地根据资源环境承载能力、现有开发强度和发展潜力等打造产业集群和推进

新型城镇化，但由于打造产业集群与加速城镇化过程中的政府推动因素，以及评价标准操作难度较大，许多地方并没有落实国家的相关政策。要解决这一问题，必须有一个更加"直观"的指标作为可操作指标，根据前文分析，人力资本的地理分布在很大程度上会决定城镇工业经济集聚的空间分布，因此，可以考虑以人力资本为导向推进产业集群与城镇空间布局。

以人力资本为导向的布局，要在合理保持市场和政府在驱动产业与城市繁荣过程中的适度边界的同时，重点关注新园区与新城区的建设。第一，产业与城市繁荣的内在逻辑在于规模效应、要素流动、专业化和邻里效应等市场力量的发挥，政府的推动作用应该紧密围绕城镇自身人力资本的丰裕状况进行，尽量减少不必要的行政干预。第二，支持创新资源富集的中心城市形成以扩散知识技术为主要特征的战略性新兴产业策源地，推进原创性、颠覆性、支撑性技术开发，推动产学研用联动融合，形成引领产业集群升级的"辐射源"。第三，对于新园区与新城区的建设必须考虑所在地的人力资本状况，对产业集群、产业园区与城镇化的规划应该与城镇自身的人力资本丰裕程度相匹配。第四，对于人力资本丰裕度较低的城镇，要非常谨慎地进行制造业布局，要鼓励城镇之间通过培育人力资本而不是行政性的园区建设来推进新型城镇化，乃至缩小与其他城镇的差距。

二、引导世界级产业集群与世界级城市群耦合发展

深化世界级产业集群与世界级城市群的耦合关系，是实现中国产业集群升级与新型城镇化协同推进的重要环节。原因在于，世界级产业集群要求集群的产业规模、创新能力、品牌价值、组织结构、制度环境与开放程度等都处于国际领先水平，这就需要世界级的城市或城市群来承载。近年来，中国提出要在电子信息、高端装备、汽车、家电、纺织服装五大领域培育具有国际先进水平的世界级制造业集群，但其中每一个产业集群的空间范围几乎都包含了整合长江经济带，这虽然有利于提升中国的区域整合能力，但从严格意义上来讲，这一设计与产业集群所要求的空间聚集特点并不一致，我们认为，世界级产业集群的空间不应超出城市群的范围。

针对中国的实际情况，应依托城市群建设，以国家级、省级开发区为重

点，进行世界级产业集群的打造，并通过产业集群的发展培育世界级城市群。第一，围绕京津冀世界级城市群建设，加强京津冀经济与科技人才联动，打造辐射带动环渤海地区和北方腹地发展的世界级产业集群；围绕长三角世界级城市群建设，以上海、南京、杭州、合肥、苏锡常等都市圈为支点，构筑点面结合、链群交融的产业发展格局，打造辐射带动长江经济带发展的世界级产业集群；围绕珠三角世界级城市群建设，以广州、深圳为核心，全面提升珠三角城市群战略性新兴产业的国际竞争力，打造辐射带动泛珠江流域发展的世界级产业集群。第二，推动山东半岛城市群、海峡西岸城市群、成渝城市群、武汉都市圈、长株潭城市群、中原城市群、关中平原城市群、辽中南城市群等重点区域战略性新兴产业发展，创造条件打造世界级产业集群。

三、鼓励更加密集的中等城市开发

根据我们的分析，未来的产业布局应该是大城市逐渐演变成金融和商业服务中心，只保持少量具有高技术特征的制造业，非省会地级市与少量重点县级市为代表的中等城市将是制造业的主要承载区域。但是以非省会地级市为代表的中等城市在人口吸聚方面处于一个"尴尬"的地位：一方面，在城市行政等级制度下，中等城市难以像大城市那样获取公共资源，相对低水平的公共服务降低了其对人口（特别是高端人口）的吸聚能力；另一方面，在积极鼓励小城市（镇）发展的政策导向下，农村居民更倾向聚集于迁移成本较低的小城市（镇），而不是迁移到成本较高的中等城市。要改变这种局面，必须通过政策引导更多资源向中等城市流动。

首先，在实现人口全国范围自由迁徙之前，可先试行户籍制度、土地制度与社会保障制度地级市范围内的一体化改革方案，消除人口迁移落户所在地级市的制度门槛。其次，改变以城市行政级别为导向的财政投入机制，加大人口、技术、企业等要素与资源向地级市转移的财税支持力度，将财税支持的重点放在地级市基础设施建设、提高地级市公共服务水平、消除农村劳动力进入地级市的经济障碍、提升农民与农民工的人力资本、改进农村劳动力进入地级市的生存条件等方面。最后，加大中等城市对社会公共服务资源设施的投资力度，中等城市政府要努力提升自身的公共服务供给能力，以增强人口吸纳能力，同时中央与省级政府应努力引导和推动超大城市和省城向中等城市疏散教育（尤其是高等教育）、医疗卫生、文化体育、公共安全保障等社会公共服务资源，最终实现基本公共服务均等化。

四、适当限制小城市（镇）工业园区扩张

根据我们的分析，大多数县城与城镇并不具备大规模推进制造业发展的资源聚集优势，更适宜发展成为特色鲜明的生活型小城，因此，工商业方面应重点发展专精特色产业、农产品加工业、休闲产业、城乡服务业等。但目前中国有很多县城与城镇出于行政晋升"GDP 锦标赛"和财政税收等原因，往往通过建立工业园区大搞制造业，其中很多与本地资源特点并不相符。从长远看，这种工业园区不仅浪费了资源、污染了环境，最终还会归于失败。因此，通过政策改变这种局面势在必行。

改变这种局面的关键在于要严格控制小城市（镇）的空间扩张，以避免小城镇"硬化"后的不可逆性，使小城镇的未来发展具有更好的弹性与可持续性。其中制度设计的核心是改变地方政府对土地融资的过度依赖。首先，进一步收紧城市土地红线，严格控制小城市（镇）的空间蔓延；其次，进行土地税费方面的改革，使地方政府能够更多地从对存量土地开发、改良增值中获利；最后，改革分税制，强化地方政府的财政收入，建立更为合理的、适度考虑人口数量的中央与地方税收分享制度。

第五节　构筑区际联动机制，汇聚"产—城"协同推进势能

一、继续完善全国统一市场

加快建立全国统一、开放、竞争、有序的市场体系，打破地域分割和市场

分割，是实现从地区政策到大国政策的重中之重，也是中国培育世界级产业集群和打造世界级城市（群）的重要制度基础。这里，全国统一市场主要包括两个层面：一个是全国统一的产品市场，另一个是全国统一的生产要素市场。近年来，中国土地、劳动力、资本等生产要素的市场化程度不断提高，推动了市场体系建设，促进了国民经济平稳较快发展。但从总体上来看，市场体系发展并不平衡，要素市场化改革一直是薄弱环节，要素市场化进程远远落后于商品市场化进程。要素市场分割，制约要素资源在更大范围内优化配置，影响中国经济提质增效。

因此，要完善全国统一市场，需要从产品市场和要素市场两个方面进行政策设计，打破资金、人才、技术、资产重组、人口和产品在全国范围内合理流动的各种障碍。一是实施全国统一的市场准入负面清单制度，消除歧视性、隐蔽性的区域市场准入限制。深入实施公平竞争审查制度，消除区域市场壁垒，打破行政性垄断，清理和废除妨碍统一市场和公平竞争的各种规定和做法，进一步优化营商环境，激发市场活力。二是全面放宽城市落户条件，完善配套政策，打破阻碍劳动力在城乡、区域间流动的不合理壁垒，促进人力资源优化配置。加快深化农村土地制度改革，推动建立城乡统一的建设用地市场，进一步完善承包地所有权、承包权、经营权三权分置制度，探索宅基地所有权、资格权、使用权三权分置改革。引导科技资源按照市场需求优化空间配置，促进创新要素充分流动。三是建立健全用水权、排污权、碳排放权、用能权初始分配与交易制度，培育发展各类产权交易平台。进一步完善自然资源资产有偿使用制度，构建统一的自然资源资产交易平台。

二、推进产业链跨区域整合

由于行政晋升"GDP 锦标赛"和财政税收等原因，市场分割、地区重复建设与产业趋同形成了螺旋推升机制：市场分割加剧了地区重复建设与产业趋同，而地区重复建设与产业趋同进一步强化了市场分割。在国内市场分割与产业趋同并存的背景下，地区之间极容易陷入恶性竞争状态，导致"竞争力"耗散，大家都难以形成强大的国际竞争力，也可以说是中国产业集群与城镇化双重"低端锁定"的重要根源。要改变市场分割与产业趋同局面，一个重要的方面是通过产业链跨地区深度对接，以产业链和创新链为基础，重构产业分工合作新路子。

基于产业链和创新链的分工合作，可以部分回避不同行政区域经济利益上的冲突，一定程度上实现区域经济共赢格局。首先，从国家层面引导各地区根据资源特色、产业基础等精准定位优势产业，鼓励各地区集中优势发展本地区有明显优势的产业集群，对不符合地区特色优势的产业，通过合理的方式引导退出。其次，以城市群为单元，重新修订城市群产业发展空间规划，对区域经济结构和产业空间布局进行调整，通过产业链和创新链的分工与合作建立灵活的生产网络促使城市之间形成更为密切的分工与合作关系，出台相关政策来提高不同城市产业的沟通频率，避免产业趋同。最后，鼓励跨国公司与规模以上工业企业进行产业链不同环节的空间分离，将地区总部、运营部门或研发中心迁往中心城市，将生产部门转移出中心城市，布局到二业城市，从而建立跨区域的生产网络。

三、建立城市群一体化统筹机制

城市群是新型城镇化主体形态，是支撑全国经济增长、促进区域协调发展、参与国际竞争合作的重要平台。根据"十三五"规划，为提高整体发展效率，实现区域均衡发展与产业升级，中国将建设 19 个城市群，未来全国 80% 以上的人口、90% 以上的 GDP 将集中分布于这 19 大城市群。因此，在真正形成全国大市场之前，建立城市群一体化统筹机制，是实现产业集群升级与新型城镇化协调推进的重要内容。

由于城市群是跨省区（国家级城市群）或地级市（区域性城市群）的，因此，要在国家层面或省级层面进行统筹。第一，在国家层面（针对国家级城市群）或省级层面（针对区域性城市群）成立城市群一体化协调发展领导小组，由国家或省级主管部门领导人担任领导小组组长，指导推进城市群进一步完善区域合作工作机制，深化在规划衔接、跨行政区重大基础设施建设、环保联防联控、产业结构布局调整、改革创新等方面的合作。第二，按照建设统一、开放、竞争、有序的市场体系要求，推动城市群区域市场建设，探索建立城市群企业信用信息互通共享机制，实现组织机构代码、企业登记、信贷、纳税、合同履约、产品质量监管等信用信息共享，支持资本市场诚信数据库建设，加快探索建立规划制度统一、发展模式共推、治理方式一致、区域市场联动的区域市场一体化发展新机制。第三，积极发展各类社会中介组织，有序发展区域性行业协会商会，鼓励企业组建跨地区跨行业的产业、技术、创新、人才等合作平台。第四，在各城市群地区设立一个类似于欧盟理事会性质的城市群公共财政专业委员会，共同协调城市群建设的财政政策，共同行使区域财政一体化的权力。建立城市群公共财政储备制度，共建共享城市群区域公共物品，包括共建共享区域性交通、能源、环保、生态等公共设施和公共物品。

四、健全区际利益补偿机制

区域联动机制难以真正实现，最根本的原因是地区之间存在各自的利益诉求，协调彼此之间的利益关系一直是区域统筹发展的重点与难点。因此，健全区际利益补偿机制，是缩小区域发展差距、促进区域协调发展的应有之义。

健全区际利益补偿机制的构建涉及的方面比较多，这里主要强调从产业的角度进行政策设计。第一，通过制定利益协调和互动合作框架，把利益协调机制内化到政府的结构和功能之中，借此激发市场力量，强化微观合作，协调好多个层级和不同部门之间的分工合作。第二，根据城市群建设实际需求，鼓励地方研究筹建以社会资本为主导、市场化方式运作的城市群一体化发展基金，积极引入各类社会资本，重点支持跨地区基础设施建设、生态联防联治、重大公共服务平台建设等。第三，推进跨区域项目合作共建，探索建立跨区域项目财税利益分享机制；建立"飞地经济"财税利益分享机制，促进飞地经济有序发展；优化产业布局，建立企业迁建财税利益分享机制。第四，建立跨地区重大基础设施、公共服务和生态环境建设项目成本分担机制。推动交通、通信、水利等基础设施共建共享，成本分担。第五，鼓励生态受益地区与生态保护地区、流域下游与流域上游通过资金补偿、对口协作、产业转移、人才培训、共建园区等方式建立横向补偿关系。支持在具备重要饮用水功能及生态服务价值、受益主体明确、上下游补偿意愿强烈的跨省或跨地市流域开展省际、市际横向生态补偿。

第六节 构筑分类引导机制，增强"产—城"协同推进活力

一、超级城市：以提升龙头领导能力为导向实现"产—城"协同推进

中国的超级城市主要有上海、北京、天津、广州、深圳等一线城市。这些城市都是中国各大经济发展"板块"的"龙头"：北京与天津是京津冀城市群的"龙头"，引领着环渤海地区协同发展；上海是长三角城市群的"龙头"，引领着长江经济带发展；香港、澳门、广州、深圳是珠三角城市群的"龙头"，引领着珠江—西江经济带发展。作为"龙头"，既是中国参与全球分工体系的先锋，又是其他城市提升社会经济发展水平的引领者，因此，对于这些龙头城市来说，其产业集群升级的导向必然是占据全球价值链高端，而新型城镇化的导向则是避免出现"大城市病"，结合起来这些城市的"产—城"协同推进的路径是：在适度人口规模的基础上，打造世界级前沿产业集群，建成竞争力、创新力、影响力卓著的全球标杆城市。

要实现这一目标，各龙头城市应充分利用其人才、研发、信息、交通、区位、金融、管理等优势，加快建设全球科技、产业创新中心，形成引领经济发展新常态的体制机制和发展方式。第一，主动顺应全球信息化、网络化深入发展的新趋势，建成一批具有国际先进水平的重大科技基础设施，掌握一批事关国家竞争力的核心技术，聚集一批具有世界水平的科学家和研究团队，培育一批世界知名科研机构和骨干企业，建设具有全球影响力的国际科技创新、产业创新中心。第二，向周边城市疏散生产制造环节，大力发展总部经济、金融保险、研发设计、高端商务、现代物流、科教医疗、文化创意、时尚产业等高附加值的产业，协同打造世界级前沿产业集群，以世界眼光参与全球竞争，使这些城市成为中国产业向微笑曲线两端延伸的前沿阵地。第三，合理控制人口规

模，各超级城市政府应更加注重规划引导的作用，合理规划城市人口，建议根据不同城市的承载能力，规划市区 1500 万~2500 万的人口规模，同时采取积极措施疏解中心城区非核心功能，推动产业和人口向一小时交通圈地区扩散，解决城市资源过度集中问题。第四，建立和完善跨国科技创新对话机制，加强与国外高水平研究机构的交流合作，积极发起和参与国际间的科技创新合作，加快构建与国际接轨的开放型经济新体制，成为代表国家参与全球竞争与合作的先行区。同时，增强城市辐射带动功能，在协调发展中拓宽发展空间，打通与周边城市的战略通道，加强经济、社会、生态环境等领域的全方位合作，不断扩大经济腹地空间。

二、区域中心城市：以提升区域服务能力为导向实现"产—城"协同推进

中国的区域中心城市主要包括副省级与省会城市，省会城市与超级城市相比，虽然在资源聚集特别是人才、研发方面还有差距，也不像超级城市那样拥有全球性的区位优势，但在省域范围内，省会城市的人才、研发与资源聚集优势还是相当明显的。因此，省会城市应立足于区域竞争力提升及对地区的辐射、带动作用，承担省域科技、金融和商业服务中心城市的功能。建设高质量区域中心城市是完善省域城镇体系、促进省域协调发展的重要手段，是推升省域产业集群体系、实现省域经济发展动能转换的有效保障。因此，对于这些副省级与省会城市来说，其产业集群升级的导向必然是占据全球价值链中高端，而新型城镇化的导向则是进一步突出区域性中心城市引领作用，这些城市的"产—城"协同推进的路径是在适度人口规模的基础上，通过集聚信息、人才、资金、科技和商贸物流，提高市场活力，打造世界级或国家级中高端产业集群，进一步在经济竞争力、创新驱动力、国际影响力等方面发挥在省域的示范引领带动作用。

当前，大多数省会城市既是省域科技、金融和商业服务中心，又是省域生产制造中心，因此，有必要推进省会城市职能优化和部分生产制造职能转移疏解。第一，积极对接国家科技创新重大项目，组织协调所在省域企业、院所、高校、研发机构联合开展前沿技术与颠覆性技术研究，在重点产业领域引进培

养一批掌握国际先进技术、引领产业跨越发展的海内外高层次人才和团队。坚持全球化视野和战略牵引,加快突破性、革命性技术应用示范与推广,推动社会民生与前沿技术不断联结,促进先进制造产业与颠覆性技术深度融合。第二,将中低端生产制造环节疏散到非省会城市,大力发展区域总部经济、研发设计、高端商务、金融保险、现代物流、科教医疗、文化创意、时尚产业等高附加值的产业及高端制造业,协同实现产业集群升级,使这些城市成为中国带领省域经济参与国内国际竞争的前沿阵地。第三,保持适度的人口规模,区域中心城市应该有一定的人口规模来增强城市的城市功能和中心城市首位度,建议根据不同城市的承载能力,规划市区 500 万~1500 万的人口规模,同时采取积极措施疏解中心城区非核心功能,通过与周边城市合作共同推进城市群建设,合理疏散产业和人口,防止在聚集人口的过程中出现"大城市病"。第四,加快构建与国际接轨的开放型经济新体制,成为代表全省参与全球竞争合作的先行区。完善区域合作机制,引领本省域其他城市对接国家重大战略规划布局,争取跨区域共建"飞地园区"和跨区域实施科技创新,推动构建深度融合的区域创新互利合作机制。增强城市辐射带动功能,打通与省域各大城市的战略通道,加强经济、社会、生态环境等领域的全方位合作。

三、工业城市:以提升产业承载能力为导向实现"产—城"协同推进

根据我们的分析,中国的制造业应主要集中在非省会地级市与少量优势明显的县级市,故可以称这些城市为"工业城市",目标是发展成为区域集约化的工商业城市。中国非省会地级市共有 251 个,再加上优势明显的县级市,工业城市的数量相对较多,因而是中国产业集群升级与新型城镇化的战略支点。对于这些工业城市来说,其产业集群升级的导向必然是大力培育中高端制造业集群,而新型城镇化的导向则是提升人口吸纳能力,为中高端制造业集群的发展提供足量的人力资源,因此,这些城市的"产—城"协同推进的路径是:不断提升公共服务水平,加大人口集聚,合理扩大人口规模,以更好地发挥出城市的集聚经济效应,大力推动国内外先进科技成果到本地转化,着力打造中高端制造业产业集群,进一步在经济竞争力、创新驱动力、国际影响力等方面

发挥积极作用。

当前，虽然绝大多数地级市有国家级或省级产业园区，但许多城市并未形成对应的人口规模，资源聚集能力不足。因此，必须充分考虑"人气"积聚与产业扩张的同步推进，只有有了"人气"，城市经济与产业园区的发展才有可持续性，否则，一旦缺乏"人气"，产业园区很可能会变成"死城"。第一，通过在公共财政、基础教育、公共卫生、社会保障、公用事业、公共文化等方面有效的制度安排，不断提高公共服务并维持在相对较高的水平，并坚持对外来就业人口平等开放，规划实现市区 150 万~500 万的人口规模。第二，推进大范围、多路径的协同创新，构建高校、科研机构及园区高技术企业的产学研多方合作平台，大力推动战略性新兴产业之间、传统产业与战略性新兴产业之间的关联技术攻关，突破一批核心关键技术，开发一批新型高端产品，催生一批具有较强竞争力的企业，实现产业的高新化、智能化、低碳化发展。第三，倡导"工匠精神"，大力创办职业技术学院，实现研究型和应用型高等教育以省城为主，职业技能型高等教育以地级市为主的高等教育格局，加大实用技术人才队伍建设。第四，园区总体规划、土地利用总体规划、产业发展规划要"三规合一"，生产区、生活区（居住区）、社会公共服务区要"三区融合"，将产业功能、城市功能、生态功能融为一体，真正实现产业园区发展的"产城融合"。

四、小城市（镇）：以便利居民生活为导向实现"产—城"协同推进

研究结果表明，除了靠近沿海有优越地理位置的城镇、内陆一些矿产资源丰富或紧邻大中城市的城镇存在发展工业的优势之外，大多数县城与镇并不具备大规模推进制造业发展的资源聚集能力，因此，它们适宜发展成为特色鲜明的生活型小城，以提高城乡居民生活质量为目标。所以对于大多数县城与镇来说，其产业集群升级的导向必然是引导对生态、生活环境可能造成破坏的制造业退出，重点发展以专精特色产业和农产品加工业，谨慎进行产业园区设置和城区扩张，避免由于受人口、资源和社会文化的制约难以形成资源聚集能力，逐渐失去活力而陷入"小城镇发展陷阱"。

要避免陷入"小城镇发展陷阱"，关键不在于小城市（镇）的产业发展，而在于要对小城市（镇）进行新的定位，从长远来看，中国制造业的重心在地级市，小城市（镇）制造业只是地级市的补充，小城市（镇）的主要功能应该是便利居民生活。第一，严格限制小城市（镇）盲目扩容，严控小城市（镇）规划园区化，小城市（镇）建设房地产化，严格节约集约用地、严守土地与生态保护红线。第二，引导小城市（镇）重点发展休闲旅游、专精特色产业、农产品加工业、商贸物流、文化教育、城乡生活服务业等产业，避免从事具有与大中城市同构性质的制造业。第三，适度控制单个小城市（镇）的人口规模，引导已经到大中城市就业的小城市（镇）居民到大中城市定居，尽可能减少小城市（镇）人口中"候鸟"的数量，避免小城市（镇）的虚假繁荣。

第十章 结论与展望

  培育产业集群与推进新型城镇化是当前中国各级地方政府重点实施的两大发展战略，而产业集群升级与新型城镇化内在的耦合机制使两者协同推进是各地方政策实现两大发展战略的必然要求。然而，改革开放以来，随着工业化和城镇化快速推进，许多地方出现了传统工业化与城镇化的割裂式发展，导致产业低端聚集与城镇空间无序扩张并存，其结果是，一些地方的发展陷入了产业集群与城镇化双重"低端锁定"的困局。这种局面，在工业化与城镇化"重量不重质"的前期阶段，问题的严重性可能还未能及其显现出现，但当工业化与城镇化到了中后期，必须以高质量发展为导向，实现"以产兴城、以城促产"，才能真正促进产业与城镇发展的良性循环。

  要实现这一目标，有必要转变理解问题的视角。传统分析侧重于从区域微观运行视角研究产业集群与城镇化互动关系，这很容易强化一些地方政府在出台相关政策时的"短视"和"功利主义"。我们从全球分工视角来分析产业集群与城镇化的互动关系，在这一视角下，发展中国家的工业化和城市化不再是孤立和封闭的过程，而是加入全球价值链和全球城市网络的过程。从全球分工视角对产业集群升级与新型城镇化的协同发展问题进行深入剖析，有助于在认识城镇化与工业化融合发展机制上取得新突破，可以为我们更准确地认识产城融合的内在关联和作用机制，提供可供借鉴的分析框架和经验证据。

  在全球分工背景下，产业集群升级与新型城镇化的内涵、特征及需要重新界定。其要点在于：产业集群如何通过自主创新嵌入全球价值链并抢占新一轮科技和产业革命"至高点"；城镇化如何通过人口城镇化与空间城镇化的协调发展嵌入世界城市网络实现质量提升。于是，产业集群升级与新型城镇化的关键问题可以从内外两个方面进行界定：从外部原因来讲，最关键的问题是核心技术获取的困难导致产业集群难以升级并加速新型城镇化的实现，从内部原因来讲，是产业集群升级滞后于空间城镇化而又快于人口城镇化。

基于以上基本认识，在从理论与实证两个方面系统研究中国产业集群升级与新型城镇化协同推进问题的基础上，我们认为，未来中国产业集群升级与新型城镇化协调推进的重心应该在中等城市。因而提出以加大中等城市建设为支点的产业集群升级与新型城镇化协调推进战略。主要包括三个方面：一是以培育世界级先进制造业集群为引领推进产业集群升级，实现由"中国制造"到"中国智造"、从"世界加工厂"到"世界创造基地"的转变，彻底改变中国制造业发展过程中的"低端锁定"状态，全面推进中国产业迈向全球价值链中高端。二是以打造世界级城市（群）为引领推进新型城镇化，主动适应人流、物流、资金流、技术流和信息流在全球网络中的充分流转和合理配置，有序推进农业转移人口市民化，以人的城镇化为核心，推动城镇化水平和质量稳步提升。三是以人力资本的空间分布为引导，以中等城市的建设为战略支点，重构国家产城融合发展思路，从而增加 100 万~300 万人口的非省会地级市与少量优势明显的县级市的数量，既能够发挥城镇的集聚经济效应，又更好地实现了各个层级城镇的分工合作。

为了实现以上目标，从全国来说，政策需要大的调整，主要包括三个方面：一是从普惠政策到倾斜政策。改革开放以来，中国经历了东部优先发展到区域平衡的过程，政策上也相应地由倾斜转向普惠，在行政晋升"GDP 锦标赛"的激励下，这种普惠政策是使中国成为世界第一制造大国的重要原因，但这种普惠政策既难合理实现集聚经济效应，也易出现资源错配，已不符合中国新时代高质量发展的要求，因此，在新的发展时期，需要进行新一轮政策调整，从普惠性政策重新回调到倾斜性政策，政策优惠要向创新要素集聚区倾斜，同时要针对重点制造业集群设计倾斜性政策。二是从地区政策到大国政策。改革开放以来，中国对地方政府采用了分权式的管理模式，这种管理模式一方面提升了地方政府的工作效率和积极性，另一方面也强化了地方政府最大程度增加地区税收的动机，导致地方保护主义和市场割据的倾向得以滋长，在全球分工背景下，地方保护主义导致的地区间市场分割问题已经成为中国参与全球竞争的巨大羁绊，只有鼓励地区之间建立合作互惠的新型关系，基于大国发展战略而不是地区局部利益制定政策，形成合力和综合竞争优势，才有可能摆脱中国制造业的全球价值链"低端锁定"困局。三是从红利政策到新常态政策。改革开放40多年来，中国高速的经济增长依赖于"人口红利"与"改革红利"等诸多"红利"，只是，随着经济高速增长了40多年，人口红利与改革红利的边际作用已越来越小，甚至正在逐步消失，这就需要中国经济发展的政策从"重量"的红利政策转向"重质"的新常态政策，并挖掘新的红利。

根据以上分析，我们提出了推进中国产业集群升级与新型城镇化协同发展的政策体系。包括构筑创新激励机制，转换产业集群升级与新型城镇化协同推进动能；构筑城乡共享机制，夯实产业集群升级与新型城镇化协同推进根基；构筑集约发展机制，优化产业集群升级与新型城镇化协同推进布局；构筑区际联动机制，汇聚产业集群升级与新型城镇化协同推进势能；构筑分类引导机制，增强产业集群升级与新型城镇化协同推进活力。值得提及的是，推进中国产业集群升级与新型城镇化协同发展牵涉到进城务工人员在城市落户、就业、安居和发展以及产业空间布局、资源合理流动、地方财政收入等方方面面，与财政、户籍、公共服务、政府治理体制等多方面的问题紧密联系在一起。因此，如何立足于全球视野，并设计更加科学、全面的激励机制，使地方政府能够将产业集群升级与新型城镇化协同发展纳入自己的工作目标，积极落实相关政策，仍然是值得进一步深入研究的课题。

参考文献

［1］Au C C and Henderson J V. How Migration Restrictions Limit Agglomeration and Productivity in China ［J］. Journal of Development Economics, 2006, 80 (2)：350-388.

［2］Au C C and Henderson J. V. Are Chinese Cities Too Small? ［J］. Review of Economic Studies, 2006, 73 (3)：549-576.

［3］Barney C. Urbanization in Developing Countries：Current Trends, Future Projections, and Key Challenges for Sustainability ［J］. Technology in Society, 2006, 1 (28)：63-80.

［4］Barry M, Popkin. Urbanization, Lifestyle Changes and the Nutrition Transition ［J］. World Development, 1999, 27 (11)：1905-1916.

［5］Bathelt H. Harald. Global Cluster Networks – Foreign Direct Investment Flows from Canada to China ［J］. Journal of Economic Geography, 2014, 14 (1)：45-71.

［6］Bell M and Albu M. Knowledge Systems and Technological Dynamism in Industrial Clusters in Developing Countries ［J］. World Development, 1999, 27 (9)：1715-1734.

［7］Belussi F and Trippl M. Industrial Districts/Clusters and Smart Specialisation Policies ［J］. 2018, 10 (16)：283-308.

［8］Caniëls, Marjolein C J and Romijn H A. What Drives Innovativeness in Industrial Clusters? Transcending the Debate ［J］. Cambridge Journal of Economics, 2005, 29 (4)：497-515.

［9］ Carpinetti L C R, Galdámez E V C and Gerolamo M C. A Measurement System for Managing Performance of Industrial Clusters ［J］. International Journal of Productivity & Performance Management, 2008, 57 (5): 405-419.

［10］ Carrington W J, Detragiache E and Vishwanath T. Migration with Endogenous Moving Costs ［J］. American Economic Review, 1996, 86 (4): 909-930.

［11］ Casanueva C, Castro I and Galán J L. Informational Networks and Innovation in Mature Industrial Clusters ［J］. Journal of Business Research, 2013, 66 (5): 603-613.

［12］ Chen M H. Services in Global Value Chains – the Cases of Taiwan and Korea ［J］. Journal of Korea Trade, 2018, 22 (4): 364-404.

［13］ Chernina E, Dower P and Markevich A. Property Rights, Land Liquidity, and Internal Migration ［J］. Journal of Development Economics, 2014 (110): 191-215.

［14］ Chiswick B R. Are Immigrants Favorably Self-Selected? ［J］. American Economic Review, 1999, 89 (2): 181-185.

［15］ Christopher R B and Edward L. G. Glaeser. The Divergence of Human Capital Levels Across Cities. ［J］. Regional Science, 2005, 84 (3): 407-444.

［16］ Ciccone A and Hall R. Productivity and the Density of Economic Activity ［J］. American Economic Review, 1996, 86 (1): 54-70.

［17］ Crestanello P and Tattara G. Industrial Clusters and the Governance of the Global Value Chain: The Romania–Veneto Network in Footwear and Clothing ［J］. Regional Studies, 2011, 45 (2): 187-203.

［18］ Díaz-Mora C, Gandoy R and González-Díaz B. Looking into Global Value Chains: Influence of Foreign Services on Export Performance ［J］. Review of World Economics, 2018, 154 (2): 1-30.

［19］ Ding C R and Lichtenberg E. Land and Urban Economic Growth in China ［J］. Journal of Regional Science, 2011, 51 (2): 299-317.

［20］ Dustmann C and Kirchkamp O. The Optimal Migration Duration and Activity Choice After Remigration ［J］. Journal of Development Economics, 2002, 67 (2): 351-372.

［21］ Eaton J. and Eckstein Z. Cities and Growth：Theory and Evidence from France and Japan ［J］. Regional Science & Urban Economics, 1994, 27（4）：443-474.

［22］ Ebenezer H. To-Morrow：A Peaceful Path to Real Reform ［M］. Cambridge：Cambridge University Press, 2010.

［23］ Fauceglia D, Lassmann A, Shingal A, et al. Backward Participation in Global Value Chains and Exchange Rate Driven Adjustments of Swiss Exports ［J］. Review of World Economics, 2018, 46（6）：1-48.

［24］ Feldman M, Francis J and Bercovitz J. Creating a Cluster While Building a Firm：Entrepreneurs and the Formation of Industrial Clusters ［J］. Regional Studies, 2005, 39（1）：129-141.

［25］ Fujitam M and Mori T. Frontiers of the New Economic Geography ［R］. Kyoto University, 2005.

［26］ Fujita M and Thisse J F. Economics of Agglomeration：Market Size and Industrial Clusters ［J］. 2013, 10（9）：346-384.

［27］ Gereffi G and Lee J. Economic and Social Upgrading in Global Value Chains and Industrial Clusters：Why Governance Matters ［J］. Journal of Business Ethics, 2016, 133（1）：25-38.

［28］ Ghatak M and Jiang N. A Simple Model of Inequality, Occupational Choice and Development ［J］. Journal of Development Economics, 2002, 69（1）：205-226.

［29］ Gordon I R and Mccann P. Industrial Clusters：Complexes, Agglomeration and/or Social Networks? ［J］. Urban Studies, 2014, 37（3）：513-532.

［30］ Humphrey J and Schmitz H . How Does Insertion in Global Value Chains Affect Upgrading in Industrial Clusters? ［J］. Regional Studies, 2002, 36（9）：1017-1027.

［31］ Hollis B C and Moises S. Patterns of Development, 1950-1970 ［M］. Oxford University Press for the World Bank, 1975.

［32］ James R C. Housing Needs of the Urban Poor：The Problems and Alternatives ［J］. Areuea Journal, 1975, 3（1）：33-47.

［33］Jane J. The Death and Life of Great American Cities ［M］. Vintage Books, 1992.

［34］Beatley J. T. Green Urbanism: Learning from European Cities ［M］. Island Press, 2000.

［35］Henderson J. V. and Thisse J. F. Handbook of Regional and Urban Economics（Volume 4）: Cities and Geography ［M］. North Holland, 2004.

［36］Jing Y, Zhang Z and Zhou Y. The Sustainability of China's Major Mining Cities ［J］. Resources Policy, 2008, 33 （1）: 12-22.

［37］Krugman P. What's New About the New Economic Geography ［J］. Oxford Review of Economic Policy, 1998, 14 （2）: 7-17.

［38］Langford M, Higgs G and Radcliffe J and White S. Urban Population Distribution Models and Service Accessibility Estimation ［J］. Computers, Environment and Urban Systems, 2008, 32 （1）: 66-80.

［39］Lee R. and Mason A. What is the Demographic Dividend? ［J］. Finance & Development, 2006 （3）: 43.

［40］Liang Z and Ma Z. China's Floating Population: New Evidence from the 2000 Census ［J］. Population and Development Review, 2004, 30 （3）: 467-488.

［41］Louche C, Staelens L D and Haese M. When Workplace Unionism in Global Value Chains Does Not Function Well: Exploring the Impediments ［J］. Journal of Business Ethics, 2018 （4）: 1-20.

［42］Marin D. Global Value Chains, the Rise of the Robots and Human Capital ［J］. Wirtschaftsdienst, 2018, 98 （S1）: 46-49.

［43］Martin P and Rogers C. A. Industrial Location and Public Infrastructure ［J］. Journal of International Economics, 1995, 39 （3-4） 335-351.

［44］Mcdonald F, Tsagdis D and Huang Q. The Development of Industrial Clusters and Public Policy ［J］. Entrepreneurship & Regional Development, 2006, 18 （6）: 525-542.

［45］Moretti E. Estimating the Social Return to Higher Education: Evidence from Longitudinal and Repeated Cross-Sectional Data ［J］. Journal of Econometrics, 2004, 121 （1-2）: 175-212.

［46］Mühlig A. Factors and Mechanisms Causing the Emergence of Local Industrial Clusters: A Summary of 159 Cases ［J］. Regional Studies, 2013, 47 (4): 480-507.

［47］Newlands D. Competition and Cooperation in Industrial Clusters: The Implications for Public Policy ［J］. European Planning Studies, 2003, 11 (5): 521-532.

［48］Niu K. H. Organizational Trust and Knowledge Obtaining in Industrial Clusters ［J］. Journal of Knowledge Management, 2010, 14 (1): 141-155.

［49］Norman V D and Venables A J. Industrial Clusters: Equilibrium, Welfare and Policy ［J］. Economica, 2004, 71 (284): 543-558.

［50］Porter M E and Porter M P. Location, Clusters, and the "New" Microeconomics of Competition ［J］. Business Economics, 1998, 33 (1): 7-13.

［51］Register R and Ecocity Berkeley: Building Cities for a Healthy Future ［M］. North Atlantic Books, 1987.

［52］Ren L. Building Engines for Growth and Competitiveness in China: Experience with Special Economic Zones and Industrial Clusters ［J］. World Bank Publications, 2011, 45 (9): 1292-1293.

［53］Rosales N. Towards the Modeling of Sustainability into Urban Planning: Using Indicators to Build Sustainable Cities ［J］. Procedia Engineering, 2011 (21): 641-647.

［54］Schmitz H. Does Local Co-operation Matter? Evidence from Industrial Clusters in South Asia and Latin America ［J］. Oxford Development Studies, 2000, 28 (3): 323-336.

［55］Iammarino S. and Philip M. The Structure and Evolution of Industrial Clusters: Transactions, Technology and Knowledge Spillovers ［J］. Research Policy, 2006, 35 (7): 1018-1036.

［56］Stepnov I M, Kovalchuk J A and Gorchakova E A. On Assessing the Efficiency of Intracluster Interaction for Industrial Enterprises ［J］. 2019, 30 (3): 346-354.

［57］Tanguay G A, Rajaonson J, Lefebvre J F, et al. Measuring the Sustainability of Cities：An Analysis of the Use of Local Indicators ［J］. Ecological Indica-tors，2010，10（2）：0-418.

［58］Turkina E and Assche A V. Global Connectedness and Local Innovation in Industrial Clusters ［J］. Journal of International Business Studies，2018，49（6）：1-23.

［59］X U W X and Liu C J. The Spatial Pattern and Driving Force of Innova-tion of Industrial Cluster and County Urbanization Coupled Coordination in Zhejiang Province ［J］. Scientia Geographica Sinica，2015，29（12）：1597-1605.

［60］World Bank. The East Asian Miracle：Economic Growth and Public Poli-cy ［M］. New York：Oxford University Press，1993.

［61］Roche Y，María L，Hmer S，Fischedick M，et al. Concepts and Method-ologies for Measuring the Sustainability of Cities ［J］. Annual Review of Environ-ment and Resources，2014，39（1）：519-547.

［62］Young A. The Razor's Edge：Distortions and Incremental Reform in the People's Republic of China ［J］. Quarterly Journal of Economics，2000（4）：1091-1135.

［63］［美］约拉姆·巴泽尔. 国家理论：经济权利、法律权利与国家范围 ［M］. 钱勇，曾咏梅译. 石磊审订. 上海：上海财经大学出版社，2006.

［64］［美］保罗 L. 诺克斯，琳达，麦卡锡. 城市化——城市地理学导论 ［M］. 姜付仁等译. 北京：电子工业出版社，2016.

［65］［美］布赖恩·贝利. 比较城市化——20 世纪的不同道路 ［M］. 顾朝林等译. 北京：商务印书馆，2010.

［66］［美］詹姆斯·M. 布坎南. 自由、市场与国家——80 年代的政治经济学 ［M］. 平新乔，莫扶民译. 上海：三联书店，1993.

［67］［美］大卫·科茨. 所有制、产权和经济业绩：美国和其他国家的理论与实践 ［J］. 国外理论动态，2007（2）：51-54.

［68］［美］阿维纳什. K. 迪克西特. 经济政策的制定：交易成本政治学的视角 ［M］. 刘元春译. 北京：中国人民大学出版社，2004.

［69］［美］道格拉斯·诺思. 理解经济变迁教程 ［M］. 钟正生，刑华译. 杨瑞龙，郑江淮校. 北京：中国人民大学出版社，2008.

［70］［日］青木昌彦，奥野张宽等．市场的作用、国家的作用［M］．林新彬等译．北京：中国发展出版社，2002.

［71］［美］曼库尔·奥尔森．国家兴衰探源［M］．吕应中等译．北京：商务印书馆，1999.

［72］［日］青木昌彦．比较制度分析［M］．周黎安译．上海：上海远东出版社，2001.

［73］［印］阿马蒂亚·森．以自由看待发展［M］．任颐，于真译．北京：中国人民大学出版社，2002.

［74］蔡昉．以农民工市民化推进城镇化［J］．经济研究，2013，48（3）：6-8.

［75］蔡昉，都阳．转型中的中国城市发展——城市级层结构、融资能力与迁移政策［J］．经济研究，2003，6（6）：64-71，95.

［76］蔡翼飞，张车伟．地区差距的新视角：人口与产业分布不匹配研究［J］．中国工业经济，2012（5）：31-43.

［77］檀学文．稳定城市化——一个人口迁移角度的城市化质量概念［J］．中国农村观察，2012（1）：2-12.

［78］陈斌开，林毅夫．发展战略、城市化与中国城乡收入差距［J］．中国社会科学，2013（4）：81-102，206.

［79］陈启斐，王晶晶，黄志军．参与全球价值链能否挂动中国内陆地区产业集群升级［J］．经济学家，2018（4）：42-53.

［80］陈少晖，李丽琴．财政压力视域下的农村社会保障制度变迁（1949～2009）［J］．福建论坛（人文社会科学版），2010（11）：18-22.

［81］陈祖新．推进以人为核心的新型城镇化［M］．北京：中国言实出版社，2014.

［82］发展改革委宏观经济研究院国土开发与地区经济研究所．新型城镇化：中国经济增长和社会变革的动力［M］．北京：人民出版社，2019.

［83］范剑勇，莫家伟，张吉鹏．居住模式与中国城镇化——基于土地供给视角的经验研究［J］．中国社会科学，2015（4）：44-63，205.

［84］付敏杰，张平，袁富华．工业化和城市化进程中的财税体制演进：事实、逻辑和政策选择［J］．经济研究，2017，52（12）：29-45.

［85］符正平．产业集群升级与转型：珠江三角洲地区的实践与启示
［M］．北京：社会科学文献出版社，2016．

［86］"工业化与城市化协调发展研究"课题组．工业化与城市化关系的
经济学分析［J］．中国社会科学，2002（2）：44-55，206．

［87］国家城调总队福建省城调队课题组．建立中国城市化质量评价体系
及应用研究［J］．统计研究，2005（7）：15-19．

［88］郭叶波，魏后凯．中国城镇化质量评价研究述评［J］．中国社会料
学院研究生院学报，2013（2）：37-43．

［89］何立峰．国家新型城镇化报告2018［M］．北京：中国计划出版
社，2019．

［90］贺传皎，王旭，邹兵．由"产城互促"到"产城融合"——深圳市
产业布局规划的思路与方法［J］．城市规划学刊，2012（5）：30-36．

［91］贺雪峰．中西部为何多"鬼城"［J］．决策，2015（6）：13．

［92］胡小武．中国小城市的死与生：一种城市问题的视角［J］．河北学
刊，2016（1）：159-163．

［93］J. V. Henderson．中国的城市化：面临的政策问题与选择［N］．东
方早报，2013-01-12．

［94］纪良纲，陈晓永．城市化与产业集聚互动发展研究［M］．北京：
冶金工业出版社，2005．

［95］江曼琦，席强敏．中国主要城市化地区测度——基于人口聚集视角
［J］．中国社会科学，2015（8）：26-46，204-205．

［96］建设部调研组．农民工进城对城市建设提出的新要求［R］//载于
中国农民工调研报告［M］．北京：中国言实出版社，2006．

［97］焦晓云．城镇化进程中"城市病"问题研究：涵义、类型及治理机
制［J］．经济问题，2015（7）：7-12．

［98］孔令池．中国制造业布局特征及空间重塑［J］．经济学家，2019
（4）：41-48．

［99］赖德胜，夏小溪．中国城市化质量及其提升——一个劳动力市场的
视角［J］．经济学动态，2012（9）：57-62．

［100］李明秋，郎学彬．城市化质量的内涵及其评价指标体系的构建

[J]．中国软科学，2010（12）：182-184．

[101] 李强，陈宇琳，刘精明．中国城镇化"推进模式"研究 [J]．中国社会科学，2012（7）：82-100．

[102] 李铁．新型城镇化路径选择 [M]．北京：中国发展出版社，2016．

[103] 柳庆刚，姚洋．地方政府竞争和结构失衡 [J]．世界经济，2012（12）：3-22．

[104] 刘瑞明，石磊．中国城市化迟滞的所有制基础：理论与经验证据 [J]．经济研究，2015，50（4）：107-121．

[105] 刘建娥．新型城镇化、乡—城人口迁移与社区转型 [M]．北京：社会科学文献出版社，2018．

[106] 刘鹏，张运峰．产业集聚、FDI与城市创新能力——基于我国264个地级市数据的空间杜宾模型 [J]．华东经济管理，2017，31（5）：56-65．

[107] 刘淑茹，魏晓晓．新时代新型城镇化与产业结构协调发展测度 [J]．湖南社会科学，2019（1）：88-94．

[108] 刘耀彬，李仁东，宋学锋．中国城市化与生态环境耦合度分析 [J]．自然资源学报，2005（1）：105-112．

[109] 陆铭，欧海军．高增长与低就业：政府干预与就业弹性的经验研究 [J]．世界经济，2011（12）：3-31．

[110] 陆铭，向宽虎，陈钊．中国的城市化和城市体系调整：基于文献的评论 [J]．世界经济，2011（6）：3-25．

[111] 吕政，黄群慧，吕铁等．中国工业化、城市化的进程与问题——"十五"时期的状况与"十一五"时期的建议 [J]．中国工业经济，2005（12）：5-13．

[112] 鲁兴启．基于产业集群的区域优势特色产业创新公共服务平台建设研究 [M]．杭州：浙江大学出版社，2017．

[113] 罗知，万广华，张勋等．兼顾效率与公平的城镇化：理论模型与中国实证 [J]．经济研究，2018，53（7）：89-105．

[114] 聂翔宇，刘新静．城市化进程中"鬼城"的类型分析及其治理研究 [J]．南通大学学报（社会科学版），2013（4）：111-117．

［115］倪鹏飞，刘笑男，李博等．耦合协调度决定城市竞争力——基于欧洲大中城市样本的分析［J］．北京工业大学学报（社会科学版），2018，18（6）：30-38．

［116］倪鹏飞，颜银根，张安全．城市化滞后之谜：基于国际贸易的解释［J］．中国社会科学，2014（7）：107-124，206-207．

［117］牛慧恩．深圳城市发展与产业布局的规划实践［J］．上海城市规划，2011（1）：54-55．

［118］彭国华．技术能力匹配、劳动力流动与中国地区差距［J］．经济研究，2015（1）：99-110．

［119］沈可，章元．中国的城市化为什么长期滞后于工业化？——资本密集型投资倾向视角的解释［J］．金融研究，2013（1）：53-64．

［120］孙文凯，白重恩，谢沛初．户籍制度改革对中国农村劳动力流动的影响［J］．经济研究，2011（1）：28-41．

［121］唐凯江，蒋永穆．产业集群演化论［M］．北京：社会科学文献出版社，2013．

［122］唐在富．新型城镇化与土地变革［M］．广州：广东经济出版社，2014．

［123］王发明．基于生态观的产业集群演化研究［M］．北京：经济管理出版社，2010．

［124］王缉慈．超越集群——中国产业集群的理论探索［M］．北京：科学出版社，2019．

［125］王缉慈等．创新的空间——产业集群与区域发展［M］．北京：科学出版社，2019．

［126］王明田．城市行政等级序列与城乡规划体系［A］//中国城市规划学会．城市时代，协同规划——2013 中国城市规划年会论文集（06-规划实施）［C］．中国城市规划学会，2013．

［127］王珺等．珠三角产业集群发展模式与转型升级［M］．北京：社会科学文献出版社，2013．

［128］魏成，沈静．经济全球化对城市发展的影响与城市规划的回应［J］．现代城市研究，2010，25（5）：41-46．

［129］魏后凯，王业强，苏红键等．中国城镇化质量综合评价报告［J］．经济研究参考，2013（7）：3-32.

［130］魏文轩．新型城镇化与产业集聚政策的联动效用及创新［M］．北京：经济科学出版社，2019.

［131］卫龙宝．产业集群升级、区域经济转型与中小企业成长［M］．杭州：浙江大学出版社，2011.

［132］夏柱智，贺雪峰．半工半耕与中国渐进城镇化模式［J］．中国社会科学，2017（12）：117-137，207-208.

［133］徐传谌，秦海林．城市经济可持续发展研究："城市病"的经济学分析［J］．税务与经济，2007（2）：1-5.

［134］徐秋艳，房胜飞，马琳琳．新型城镇化、产业结构升级与中国经济增长——基于空间溢出及门槛效应的实证研究［J］．系统工程理论与实践，2019（6）：1407-1418.

［135］徐维祥．产业集群与城镇化互动发展机制及运作模式研究［M］．北京：经济科学出版社，2009.

［136］杨传开，李陈．新型城镇化背景下的城市病治理［J］．经济体制改革，2014（3）：48-52.

［137］叶裕民．中国城市化质量研究［J］．中国软科学，2001（7）：28-32.

［138］于斌斌，胡汉辉．产业集群与城市化的共同演化机制：理论与实证［J］．产业经济研究，2013（6）：1-11.

［139］于斌斌，杨宏翔．产业集群与城市化的演化机制与实践路径——以"义乌商圈"和"柯桥商圈"为例［J］．中国地质大学学报（社会科学版），2015（2）：92-102.

［140］余华义．城市化、大城市化与中国地方政府规模的变动［J］．经济研究，2015，50（10）：104-118.

［141］余敏江．政府动员型城镇化政策的困境与反思［J］．社会科学研究，2014（2）：47-52.

［142］原新，高瑗．改革开放以来的中国经济奇迹与人口红利［J］．人口研究，2018，42（6）：3-14.

[143] 曾祥炎. 财政压力下我国城镇化失衡的形成及其治理 [J]. 湖北经济学院学报, 2018, 16 (2): 49-55, 127.

[144] 曾祥炎, 成鹏飞. 全球价值链重构与世界级先进制造业集群培育 [J]. 湖湘论坛, 2019, 32 (4): 72-79.

[145] 曾祥炎, 刘佳媛. 产业集群升级与新型城镇化的协同发展: 文献述评 [J]. 常州大学学报 (社会科学版), 2018, 19 (4): 55-63.

[146] 曾祥炎, 刘友金. 基于地域产业承载系统适配性的 "产-城" 互动规律研究——兼论中西部地区新型城镇化对策 [J]. 区域经济评论, 2014 (1): 48-54.

[147] 曾祥炎, 王学先, 唐长久. "土地换保障" 与农民工市民化 [J]. 晋阳学刊, 2005 (6): 39-43.

[148] 曾祥炎, 向国成. 农村劳动力转移就业引导机制研究——以地级市为战略支点分析 [J]. 湖南科技大学学报 (社会科学版), 2014, 17 (2): 107-113.

[149] 曾祥炎, 曾小明. 区域人力资本、资源集聚能力与城市蔓延 [J]. 湖南科技大学学报 (社会科学版), 2018, 21 (3): 62-70.

[150] 张川川, 贾坤, 杨汝岱. "鬼城" 下的蜗居: 收入不平等与房地产泡沫 [J]. 世界经济, 2016 (2): 120-141.

[151] 张欢, 汤尚颖, 耿志润. 长三角城市群宜业与生态宜居融合协同发展水平、动态轨迹及其收敛性 [J]. 数量经济技术经济研究, 2019, 36 (2): 3-23.

[152] 张冀新, 王怡晖. 创新型产业集群中的战略性新兴产业技术效率 [J]. 科学学研究, 2019, 37 (8): 1385-1393.

[153] 张晖明, 温娜. 城市系统的复杂性与城市病的综合治理 [J]. 上海经济研究, 2000 (5): 45-49.

[154] 张文武, 梁琦. 劳动地理集中、产业空间与地区收入差距 [J]. 经济学 (季刊), 2011 (1): 691-707.

[155] 张治国. 生态学空间分析原理与技术 [M]. 北京: 科学出版社, 2007.

[156] 赵忠华. 产业转型背景下产业集群演化路径研究 [M]. 北京: 经

济管理出版社，2012.

［157］郑鑫．城镇化对中国经济增长的贡献及其实现途径［J］．中国农村经济，2014（6）：4-15.

［158］中国经济增长前沿课题组．城市化、财政扩张与经济增长［J］．经济研究，2011（11）：4-20.

［159］中国金融40人论坛课题组，周诚君．加快推进新型城镇化：对若干重大体制改革问题的认识与政策建议［J］．中国社会科学，2013（7）：59-76，205-206

［160］卓贤．质量重于速度：对中国城镇化现状与潜力的分析［J］．经济学家，2015（8）：52-61.

［161］邹兵．国家创新型城市发展中的规划作月——兼论深圳产业布局规划的思路演变与实施成效［J］．城市规划，2017，41（4）：41-48.

［162］邹兵．深圳城市空间结构的演进历程及其中的规划效用评价［J］．城乡规划，2017（6）：69-79.

［163］周建华．产业集群转型升级的动力机制、路径和模式——基于中国沿海发达地区的比较［M］．北京：中国社会科学出版社，2019.

［164］周文，赵方，杨飞等．土地流转、户籍制度改革与中国城市化：理论与模拟［J］．经济研究，2017，52（6）：183-197.